5 TIPPS FÜR DEN ANFANG!

1) LÖSUNG DER RÄTSEL

Die Puzzles haben ein klassisches Format :

- Die Wörter sind ohne Abstand, Bindetrich usw… versteckt
- Richtung : vor-& rückwärts, auf & ab oder in der Diagonale (beider Richtungen)
- Die Wörter können übereinanderliegen oder sich kreuzen

2) AKTIVES LERNEN

Neben jedem Wort ist ein Abstand vorgesehen zum Aufschreiben der Übersetzung. Um ihre Kenntnisse zu überprüfen und zu erweitern befindet sich am Ende des Buches ein **WÖRTERBUCH**. Suchen sie die Übersetzungen, schreiben sie sie auf, dann können sie sie in den. Puzzles suchen und ihrem Wortschatz hinzufügen.

3) ANZEICHNUNG DER WÖRTER

Haben sie schon einmal versucht eine Anzeichnung zu verwenden? Sie könnten zum Beispiel die Wörter, die schwer zu finden sind, ankreuzen, die Wörter, die sie lieben, mit einem Stern, neue Wörter mit einem Dreieck, seltene Wörter mit einem Diamant usw … anzeichnen

4) IHR LERNEN ORGANISIEREN

Am Ende dieser Ausgabe bieten wir auch ein praktisches **NOTIZBUCH** an. Ob im Urlaub, auf Reisen oder zu Hause, sie können ihr neues Wissen ganz einfach organisieren, ohne ein zweites Notizbuch zu benötigen!

5) SIND SIE AM SCHLUSS ?

Gehen sie zum Bonusbereich : **MONSTER-HERAUSFÖRDERUNG,** um ein kostenloses Spiel zu finden, das am Ende dieser Ausgabe angeboten wird !

Lust auf mehr Spaß und **Lernaktivitäten? Schnell und einfach :** eine ganze Spielbuchsammlung mit einem einzigen Klick erhaltbar :

Mit diesem Link finden sie ihre nächste Herausforderung :

BestActivityBooks.com/MeineNachsteWortsuche

Achtung, fertig, ... Los !!

Wussten sie, dass es auf der Welt ungefähr 7.000 verschiedene Sprachen gibt ? Wörter sind kostbar.

Wie lieben Sprachen und haben schwer daran gearbeitet, die Bücher von höchster Qualität für sie zu entwerfen. Unsere Zutaten ?

Eine Auswahl von angepassten Lernthemen, drei große Scheiben Spaß, dann fügen wir einen Löffel schwieriger Wörter und eine Prise seltener Wörter hinzu. Wir servieren sie mit Sorgfalt und ein Maximum an Freude, damit sie die besten Wortspiele lösen und Spaß am Lernen haben.

Ihre Meinung ist wichtig. Sie können aktiv zum Erfolg dieses Buches beitragen, indem sie uns eine Bemerkung hinterlassen. Sagen sie uns, was ihnen an dieser Ausgabe am besten gefallen hat !!

Hier ist ein kurzer Link, der sie zu ihrer Bewertungsseite führt

BestBooksActivity.com/Rezension50

Vielen Dank für ihre Hilfe und viel Spaß

Linguas Classics

1 - Ozean

```
I J T H G Y D O S N T D O P
B O E Q V D E L P H I N I O
A P T L I L C O R A L O L
L E B E L T X Y N A V I S Y
E V S G M Y K T G G G I T P
N T A T T P F S I Q E E R U
A Q L Z U U E I A B Q H E S
N O N J V S R S S S O T A Q
G P I S C E S T T H N U W U
U V E B A C D U F A S N N I
I J Z X N Z D R L R S A A L
L U Z H C M M T X K I F D L
L C K K E F L U C T U S P A
A X W M R Y O R E E F K U X
```

ANGUILLA
OSTREA
NAVI
DELPHINI
PISCES
SQUILLA
AESTUS
SHARK
CORAL
CANCER

POLYPUS
JELLYFISH
REEF
SAL
TURTUR
SPONGIA
TEMPESTAS
TUNA
BALENA
FLUCTUS

2 - Schule #1

```
J  F  R  X  P  C  A  T  H  E  D  R  A  P
E  N  V  G  S  B  T  B  N  L  U  W  V  D
D  I  S  C  E  R  E  X  S  K  C  M  O  T
W  P  S  W  S  C  B  N  C  U  R  R  L  B
G  G  M  G  L  X  M  U  B  A  V  U  U  T
C  H  A  R  T  A  L  P  H  A  B  E  T  I
A  G  G  E  H  Q  I  R  E  A  B  E  P  R
L  R  I  S  F  B  B  A  A  L  J  V  A  D
A  A  S  P  O  Z  R  N  I  M  I  H  T  H
M  P  T  O  L  P  A  D  U  M  I  T  A  L
I  H  E  N  D  O  R  I  C  Q  M  C  Z  S
Y  I  R  D  E  F  Y  U  V  J  M  W  I  J
N  U  M  E  R  I  B  M  F  B  M  Q  K  S
Q  M  S  T  S  U  M  C  A  G  H  J  M  J
```

ALPHABETI	PRANDIUM
RESPONDET	FOLDERS
LIBRARY	CHARTA
GRAPHIUM	VOLUTPAT
AMICIS	CALAMI
ELIT	CATHEDRA
MAGISTER	NUMERI
DISCERE	

3 - Meditation

```
Y  J  D  I  S  C  E  R  E  N  O  S  T  M
P  Z  N  X  N  F  Y  O  P  T  P  T  R  I
Q  R  C  A  Z  E  K  J  F  A  E  M  A  S
L  D  O  C  T  R  I  N  A  P  R  O  N  E
O  R  G  S  L  U  O  F  W  A  A  T  Q  R
F  L  I  P  P  A  R  G  K  C  M  U  U  I
E  V  T  I  V  E  R  A  M  E  G  S  I  C
L  R  A  R  O  W  C  I  A  M  R  M  L  O
I  G  T  A  M  X  W  T  P  H  E  L  R  R
C  R  I  N  U  M  S  U  U  A  W  N  I  D
I  A  O  S  S  U  Y  T  S  M  S  T  I  I
T  T  N  K  I  M  E  N  S  C  Z  I  A  A
A  I  E  A  C  C  E  P  T  I  O  S  S  Q
S  A  S  L  A  S  I  L  E  N  T  I  U  M
```

ACCEPTIO
SPIRANS
OPERAM
MOTUS
GRATIA
PACEM
COGITATIONES
MENTIS
FELICITAS
CLARITAS

DOCTRINA
DISCERE
MISERICORDIA
MUSICA
NATURA
PROSPECTUM
TRANQUILLITAS
SILENTIUM
MENS

4 - Meisterschaft

```
C  C  I  U  S  W  D  C  F  C  V  L  E  M
O  K  I  N  C  Z  Q  V  V  A  C  G  L  F
E  B  B  A  A  K  Z  G  N  U  O  G  U  O
P  A  T  I  E  N  T  I  A  S  N  A  D  R
F  E  I  D  L  V  S  O  Y  A  S  V  O  T
I  L  U  V  O  M  I  S  E  M  I  I  S  I
N  U  D  I  A  D  L  C  L  A  L  N  D  S
A  D  E  N  S  I  Z  I  T  D  I  D  U  S
L  I  X  Y  U  M  M  U  F  O  O  I  B  I
I  S  U  Y  D  M  O  D  N  L  R  C  F  M
S  T  J  B  O  E  I  D  K  O  M  I  Y  U
T  S  O  L  R  P  L  S  U  R  R  A  A  S
E  O  H  B  A  T  J  G  M  L  T  E  I  S
R  A  E  D  A  F  N  N  H  A  B  K  Z  M
```

PATIENTIA	IUDEX
FORTISSIMUS	SUDOR
FINALIST	VICTORIA
DOLOR	LUDOS
NUMISMA	LUDIS
VINDICIAE	CONSILIO
CAUSAM	RAEDA
EUISMOD	

5 - Insekten

```
W  I  T  Y  A  D  C  I  C  A  D  A  Q  V
A  P  I  S  N  R  V  U  B  E  E  T  L  E
S  U  N  Z  T  A  U  L  L  H  L  C  A  R
P  T  E  F  S  G  P  W  B  E  K  T  D  M
C  E  A  D  Q  O  G  H  Q  F  X  E  Y  I
L  R  M  U  B  N  P  J  I  U  P  R  B  S
Q  U  X  K  N  F  A  R  P  D  Z  M  U  K
N  S  P  S  G  L  P  B  O  U  M  I  G  V
J  I  Y  W  M  Y  I  V  L  M  O  T  Z  S
W  F  G  R  I  L  L  U  S  A  P  E  S  Y
I  A  B  Q  U  N  I  H  Z  H  T  X  Z  V
C  U  Z  D  M  W  O  Q  K  G  W  T  P  O
M  A  N  T  I  S  C  N  H  H  A  D  A  I
I  O  G  T  G  N  B  Y  R  H  O  U  O  M
```

ANT	LADYBUG
APIS	TINEA
APHID	CULEX
MANTIS	PAPILIO
GRILLUS	TERMITE
BLATTAM	WASP
BEETLE	VERMIS
UTERUS	CICADA
DRAGONFLY	

6 - Dinosaurier

```
O  K  I  D  S  C  P  O  O  E  M  X  H  G
M  B  M  M  A  M  M  O  T  H  I  M  H
N  O  H  E  Y  U  W  C  O  I  X  K  A  A
I  X  J  Z  B  D  N  J  W  K  A  I  G  Q
V  H  K  C  T  A  B  L  A  T  I  O  N  E
O  A  E  P  R  E  H  I  S  T  O  R  I  C
R  H  L  R  T  C  A  I  T  E  C  V  T  W
E  L  Y  I  B  P  C  U  M  R  Q  I  U  M
T  M  T  B  S  I  O  D  O  R  D  T  D  A
I  N  G  E  N  S  V  T  P  A  X  I  I  G
R  E  P  T  I  L  E  O  E  V  S  O  N  N
J  H  Q  T  E  U  X  L  R  N  X  S  E  A
S  P  E  C  I  E  S  U  W  E  S  U  T  T
V  P  W  P  R  A  E  G  R  E  S  S  U  S
```

OMNIVORE	MAGNITUDINE
SPECIES	POTENS
VITIOSUS	MAMMOTH
INGENS	HERBIVORE
TERRA	PREHISTORIC
PRAEGRESSUS	REPTILE
ALIS	CAUDA
MAGNA	ABLATIONE

7 - Obst

```
P E R S I C U M S A O G F J
K I W I P Z L Q P F I C U S
A D N C A P P L E I P V Z S
V O Q E P Z T E B B R A G P
O L D R A W L M E P H U T K
C O A A Y P B O R R O V M C
A R Q S A J P N R U N A L U
D W J U T P D L Y N C P D C
O K Z S G N W J E O U B Y U
G R A P E F R U I T S F Q M
N E C T A R I N E P I I E I
R U B U S I D A E U S A E S
S Q L Q L Q C W X T R H M H
G X Y V O H P I A Z I G C P
```

PINEAPPLE	KIWI
APPLE	DOLOR
AVOCADO	CUCUMIS
BERRY	NECTARINE
PIRUM	RHONCUS
ETIAM	PAPAYA
FICUS	PERSICUM
GRAPEFRUIT	PRUNO
RUBUS IDAEUS	UVA
CERASUS	LEMON

8 - Schule #2

```
D P V C A E D U C A T I O N
I Z E Z B X L I T T E R I S
A B W C Z K I Q F J U S V J
C A L A M I F C X P L I D G
O C M B T M A G I S T E R R
M H A N G R A M M A T I C A
M A N L I B R A R Y A S Z P
E R T W E E K E N D S Q X H
A T I Z N N Q Z W D E Y Y I
T A C V G V D H G L G L F U
U K A M R H A A B U B I E M
S C O G N I T A R D B Z N O
S C I E N T I A G O Y M A P
L E C T I O W M O S V E T Y
```

LIBRARY	CHARTA
EDUCATION	DELEO
GRAPHIUM	MANTICA
EU	AXICIA
GRAMMATICA	LUDOS
CALENDAR	CALAMI
MAGISTER	COMMEATUS
COGNITA	SCIENTIA
LECTIO	WEEKENDS
LITTERIS	

9 - Spielzeuge

```
Y  R  X  C  W  F  J  Z  E  L  D  H  N  I
P  D  O  Y  B  O  Q  P  W  G  P  G  A  M
D  U  V  G  O  T  V  E  N  T  U  S  V  A
O  F  Z  V  I  V  A  M  U  S  P  M  I  G
L  Z  L  Z  T  Y  M  P  A  N  A  I  I  I
O  Q  U  W  L  I  L  C  A  R  C  L  L  N
R  J  D  E  W  E  U  L  B  O  O  V  R  A
A  A  O  E  M  Z  T  F  T  B  M  U  B  T
D  R  S  L  Z  A  U  R  M  O  I  S  L  I
Q  O  T  R  E  G  M  S  J  T  T  F  Z  O
J  J  K  E  E  N  G  S  S  G  A  A  W  Q
O  G  G  B  S  G  F  K  F  J  T  W  Y  M
V  H  V  C  K  Q  D  M  O  E  U  U  I  S
L  A  T  R  U  N  C  U  L  O  R  U  M  B
```

CAR	PUPA
PILA	PUZZLE
NAVI	ROBOT
MILVUS	LATRUNCULORUM
VENTUS	TYMPANA
VIVAMUS	LUDOS
ARTES	LUTUM
DOLOR	COMITATU
IMAGINATIO	

10 - Camping

```
C H E V M U V L U N A L L H
Z A M I X H T K E A R A S A
D T M C A S U S Q T B C J M
L P V E D D D N T U O U Z M
C T F B R I R P X R R S M O
C D X V M A W K Z A E U Z C
M O N T E M M X S D S P P K
C D N T L A N I M A L I A C
V E N A T I O N E F F I M O
X C I X C N N G E Y U G A R
S I L V A S R T E C E N P N
F M T P J E U O E C G I E U
O A Q W D C T H L R B S P M
G L V Q O T Q A R R U S M U
```

CASUS
ARBORES
MONTEM
IGNIS
HAMMOCK
HAT
INSECT
VENATIONE
CAMERAM
LINTER

MAP
DECIMA
CORNU
LUNA
NATURA
LACUS
FUNEM
ANIMALIA
SILVA

11 - Zeit

```
M E N S E O J C R T U O Z B
A I U V P F M E Z W O Q Z X
N H N P O H B N Z F T F G G
E T C U S E P T I M A N A Z
U F N H T R O U D L N G Z P
T A H O D I E R G I T E L A
H N C R E G S Y U D E B Y N
F K N O C T E H O R A B N N
U W X L E M E R I D I E S O
T Z E O N C A L E N D A R B
U N U G N Y T A L F N O V E
R S S I I Y B F O H D H A R
U T A U U A N N U A M T J T
M A R M M P G K X V D Q R L
```

HERI   MENSE
HODIE   MANE
ANNO   POST
CENTURY   NOCTE
DECENNIUM   HORA
ANNUA   DIE
NUNC   HOROLOGIUM
CALENDAR   ANTE
MINUTIS   SEPTIMANA
MERIDIES   FUTURUM

12 - Säugetiere

```
C  O  V  J  C  A  S  J  M  Z  D  W  B  Q
O  J  U  M  A  C  R  O  P  U  S  M  A  M
Y  U  J  K  S  D  T  C  A  N  I  S  L  L
O  U  H  K  T  L  X  A  E  W  U  L  E  C
T  R  Z  C  O  V  E  S  U  Q  C  U  N  V
E  L  Z  P  R  T  N  O  H  R  U  P  A  U
E  L  E  P  H  A  N  T  I  S  U  U  O  L
U  J  B  A  D  J  P  I  Z  I  R  S  S  P
L  A  R  N  N  Z  E  G  M  M  S  P  R  E
Y  F  A  T  U  W  Q  E  A  I  U  R  C  S
C  Q  X  H  T  Z  U  R  J  A  S  A  H  M
M  W  W  E  P  A  R  D  U  S  E  T  N  X
Z  N  Z  R  O  R  C  I  U  E  X  D  P  Q
Y  H  F  A  O  H  A  I  Q  N  T  N  I  X
```

SIMIA	LEO
URSUS	PARDUS
CASTOR	EQUUS
ELEPHANTIS	RAT
VULPES	OVES
PANTHERA	TAURUS
ORCI	TIGER
CANIS	BALENA
MACROPUS	LUPUS
COYOTE	ZEBRA

13 - Astronomie

```
I  Y  Z  H  G  C  C  O  S  M  O  S  S  F
U  H  O  L  J  O  A  E  R  U  C  A  T  X
Z  W  D  R  M  M  E  E  L  U  N  A  E  X
A  H  I  G  B  E  M  T  L  S  C  N  L  Z
P  L  A  N  E  T  A  E  R  U  U  M  L  U
N  M  C  I  X  A  M  R  A  P  M  M  A  I
K  D  M  O  A  S  T  R  O  L  O  G  U  S
A  O  B  S  E  R  V  A  T  O  R  I  U  M
M  E  T  E  O  R  O  N  Q  R  W  G  R  B
P  S  A  T  E  L  L  E  S  I  D  U  S  Z
A  S  T  R  O  N  A  U  T  Y  G  V  K  Y
T  E  L  E  S  C  O  P  I  U  M  F  A  K
N  E  B  U  L  A  U  N  I  V  E  R  S  I
A  S  T  E  R  O  I  D  E  M  D  Z  T  X
```

ASTEROIDEM	NEBULA
ASTRONAUT	OBSERVATORIUM
ASTROLOGUS	PLANETA
TERRA	ERUCA
CAELUM	SATELLES
COMETA	STELLA
SIDUS	TELESCOPIUM
COSMOS	ZODIAC
METEORON	UNIVERSI
LUNA	

14 - Ballett

```
E  R  E  G  C  E  J  J  R  J  I  D  L  A
H  X  A  R  S  O  Q  H  K  A  N  T  T  U
L  A  P  M  G  B  M  F  O  E  T  H  T  D
T  R  A  R  T  I  S  P  E  H  E  S  N  I
Z  T  S  G  E  S  T  U  O  F  N  S  J  T
B  E  B  J  O  S  O  L  O  S  S  A  Z  O
D  A  C  E  M  U  S  C  U  L  I  L  Q  R
G  E  Y  Y  X  S  C  I  R  S  O  T  J  E
G  D  C  G  N  U  I  L  V  M  N  A  O  S
J  X  X  O  W  N  M  Y  H  U  E  T  U  R
G  B  R  E  R  R  I  M  D  S  M  O  V  P
S  T  Y  L  E  U  U  Q  D  I  O  R  L  L
N  U  M  E  R  O  M  S  Z  C  P  E  M  V
O  R  C  H  E  S  T  R  A  A  S  S  H  K
```

DECORUM	ORCHESTRA
EXPRESSIVUM	USU
ARTE	AUDITORES
GESTU	NUMERO
INTENSIONEM	SOLO
COMPOSITOR	STYLE
ARTIS	SALTATORES
MUSICA	ARS
MUSCULI	

15 - Strand

```
H P M O C F U V V C N D K Z
M E T Z J K M C V G E E F V
A S L N F D B L U E Z L P T
R M B J R H R J Q D Y L X U
M G E N G K E M L W F S C O
M A R M F O L I I H N V D C
A V R E V R L N N R S O L E
L F R E G A A S T E J K I A
A X F S B E G U E E B W N N
C A N C E R M L U F S B W U
U A R W G E Q A M J O Z N M
N A V I S A N D A L I A A F
A A O I P S G W R H B U J D
Q H A R E N A N A V I C K L
```

BLUE

NAVI

GREGEM

LINTEUM

INSULA

CANCER

ORA

LACUNA

MARE

OCEANUM

UMBRELLA

REEF

HARENA

SANDALIA

NAVIS

SOL

16 - Restaurant #1

```
X  Z  P  R  G  A  C  A  P  U  L  U  S  P
S  H  B  W  L  L  L  R  E  D  T  X  I  U
N  I  Y  P  T  S  U  D  A  R  I  O  C  L
E  F  Y  F  A  M  V  U  E  T  F  F  I  L
Q  K  H  A  O  N  V  G  A  W  E  B  B  U
H  L  O  M  E  K  E  U  J  J  M  R  U  M
M  E  N  U  R  N  A  M  Z  H  V  L  M  W
B  E  Q  L  R  E  S  E  R  V  A  T  I  O
K  V  N  A  V  E  S  T  I  B  U  L  U  M
E  R  M  S  C  O  N  D  I  T  U  S  Q  T
Y  T  D  K  A  J  I  J  U  X  O  K  Q  K
C  O  N  D  I  M  E  N  T  U  M  Y  Z  S
H  U  X  T  M  N  O  N  Q  V  H  A  W  V
Q  N  Q  S  L  R  C  F  Z  B  U  U  K  P
```

URNA	VESTIBULUM
PANEM	MENU
MENSA	RESERVATIO
CIBUM	CRATER
PULLUM	SUDARIO
CAPULUS	CONDIMENTUM
FAMULA	CONDITUS

17 - Geologie

```
S  F  I  C  S  M  A  U  R  I  S  C  W  C
S  A  L  A  U  P  U  Y  G  E  Q  O  L  E
T  C  L  L  P  M  E  V  O  T  L  N  I  J
A  I  F  C  Q  O  U  C  F  S  H  T  N  V
L  D  D  I  O  M  O  C  U  I  Y  I  H  Q
A  U  Q  U  A  R  T  Z  S  S  Q  N  L  D
C  M  H  M  C  M  A  V  I  B  F  E  Z  L
T  G  E  Y  S  E  R  L  L  Y  J  N  J  F
I  N  D  J  K  Z  N  B  E  X  E  S  A  O
T  G  T  T  E  R  R  A  E  M  O  T  U  S
E  C  C  S  A  V  O  L  C  A  N  O  L  S
M  I  N  E  R  A  L  I  B  U  S  N  A  I
S  T  A  L  A  G  M  I  T  E  S  E  V  L
W  D  R  P  L  A  T  E  A  U  S  K  A  E
```

TERRAEMOTUS	MINERALIBUS
EXESA	PLATEAU
FOSSILE	QUARTZ
FUSILE	SAL
GEYSER	ACIDUM
SPECUS	STALAGMITES
CALCIUM	STALACTITE
CONTINENS	STONE
CORAL	VOLCANO
LAVA	MAURIS

18 - Wissenschaft

```
M  I  N  E  R  A  L  I  B  U  S  N  M  C
I  W  A  A  P  L  A  N  T  I  S  U  Q  S
Y  Q  T  A  O  B  Q  U  O  T  L  L  E  R
P  Q  U  I  U  G  J  Q  X  J  D  L  X  I
T  R  R  J  F  Y  E  A  E  T  G  A  P  O
M  P  A  R  T  I  C  U  L  I  S  T  E  F
O  O  R  E  Q  Y  D  A  T  A  F  N  R  O
D  U  L  A  G  R  A  V  I  T  A  T  I  S
U  X  N  E  O  R  W  J  V  O  K  B  M  S
S  T  B  O  C  H  E  O  I  M  I  C  E  I
F  F  S  R  A  U  N  S  Q  I  T  U  N  L
E  G  E  T  E  E  L  I  S  O  H  H  T  E
G  R  U  M  L  B  O  I  U  U  R  B  U  C
P  H  Y  S  I  C  A  I  S  Z  S  O  M  A
```

ATOM	MODUS
EGET	MINERALIBUS
DATA	MOLECULIS
PRAEGRESSUS	NATURA
EXPERIMENTUM	PARTICULIS
FOSSILE	PLANTIS
RUM	PHYSICA
CAELI	GRAVITATIS
NULLA	EO

19 - Bildende Kunst

```
P G C O M P O S I T I O P A
I R B S I R P R T W D H H R
C A X C E R A R V U K Y O C
T P R P F I R Z E W F Y T H
U H B T F E N Q E L S S O I
R I P Q I L U T U M O F G T
A U S Q G F H C R E T A R E
F M S C I O E Y C D I Y A C
T R B P E E Y X Y D U W P T
G P R O S P E C T U M I H U
F N E P A L M A R I U S S R
S U O N C A R B O N E S F A
G L O S S A R I U M N G R S
S T E N C I L D Q Z K N S T
```

ARCHITECTURA
GRAPHIUM
DUIS
PHOTOGRAPH
PICTURA
CARBONES
GLOSSARIUM
CRETA
ARTIFEX

PALMARIUS
PROSPECTUM
EFFIGIES
STENCIL
OTIUM
PEN
LUTUM
CERA
COMPOSITIO

20 - Sport

```
D O L O R G L C V A T R G Y
R G J S F O U O I T R G Y Y
E A C U M L D Z N H I Y M F
A I E B K F I B D L S M N P
X I M D B Y O A I E T N A Q
L M O K A E L S C T I A S R
U F T W G H U E I A Q S T U
I C U Y O V D B A A U I I L
S V S H U T I A E X E U C T
G I D Y U S U L U D U M A R
O C L R C Y S L U Z J G E I
S T A D I U M J O J V J S C
C O N S E C T E T U E R P E
X R E F E R E N D A R I U S
```

ATHLETA
BASEBALL
ULTRICES
MOTUS
CONSECTETUER
VICTOR
GOLF
GYMNASIUM
GYMNASTICAE

DOLOR
VINDICIAE
REFERENDARIUS
LUDUM
LUDIO LUDIUS
STADIUM
TRISTIQUE
RAEDA

21 - Mythologie

```
D Y Q J L B Q Z C A E L U M
E Y O N E C U L T U R A W T
F A A S G B E L L A T O R R
L U C Y E M H T S I O M V I
A P L N N E Z E L U S J Z U
B F A G D L S Y R N O V O M
Y O D M U C Q J B O R I M P
R R I M O R T A L E S N O H
I T S J E E F U F O O D N A
N I M Z M A G I C A L I S N
T T O N I T R U A Y Q C T T
H U H Q O U C Q O S O T R E
U D U H J R A A Q L A A U S
S O B F V A U A K F M M M X
```

FULGUR
TONITRUA
ZELUS
HEROS
CAELUM
CLADIS
CREATURA
BELLATOR
CULTURA

LABYRINTHUS
LEGEND
MAGICALIS
MONSTRUM
VINDICTAM
FORTITUDO
MORTALE
TRIUMPHANTES

22 - Tools

```
R  N  G  G  W  F  I  S  T  U  P  R  A  T
F  O  E  X  S  P  R  I  N  C  E  P  S  V
L  V  T  N  O  A  I  C  N  C  Y  L  E  H
D  A  P  A  L  O  X  A  A  Y  I  I  C  U
K  C  E  P  I  V  W  I  X  X  I  E  U  Z
G  U  M  E  D  A  M  H  C  J  Q  R  R  F
J  L  A  R  I  D  A  K  K  I  X  S  I  U
P  A  U  U  S  H  L  B  U  N  A  A  S  N
U  X  R  T  H  J  L  S  G  G  A  V  V  E
U  U  I  R  E  F  E  C  F  A  C  E  M  M
I  P  S  U  M  N  U  A  T  B  P  K  A  T
T  C  H  M  G  J  S  L  V  K  M  N  I  K
A  J  F  I  K  H  Z  A  E  L  M  B  A  X
S  S  M  Q  P  J  L  M  J  H  V  N  M  G
```

SECURIS	PRINCEPS
FACEM	ROTA
MALLEUS	NOVACULA
IPSUM	RUTRUM
SOLIDIS	AXICIA
MAURIS	STUPRA
GLUTEN	FUNEM
SCALAM	PLIERS

23 - Restaurant #2

```
G  B  M  D  D  O  V  A  B  P  D  L  F  H
L  I  E  E  K  K  Q  S  Z  R  G  E  S  H
S  J  E  L  Z  L  B  Y  T  A  T  G  A  C
T  Z  H  E  F  Z  K  W  O  N  P  U  B  O
S  O  D  C  F  U  D  N  D  D  I  M  C  C
S  A  L  T  U  X  R  L  A  I  S  I  Z  H
E  R  L  A  I  B  Z  C  R  U  C  N  R  L
M  O  R  M  X  C  F  F  A  M  E  A  H  E
Q  M  H  E  A  O  I  J  Q  I  S  K  Z  A
E  A  B  N  C  S  F  R  U  C  T  U  S  R
L  T  R  T  H  K  S  G  A  E  K  H  X  I
I  A  Y  U  Z  L  T  A  F  T  A  Z  S  U
T  B  N  M  Q  M  V  M  E  Q  M  J  Z  N
W  C  A  T  H  E  D  R  A  H  J  X  D  Z
```

PRANDIUM	DELECTAMENTUM
OVA	MASSAE
ICE	COCHLEARI
PISCES	SEM
FRUCTUS	SAL
FURCA	CATHEDRA
LEGUMINA	ELIT
AROMATA	AQUA

24 - Ökologie

```
J  C  N  A  T  U  R  A  L  Z  O  M  R  Q
N  O  N  T  V  I  R  E  N  T  I  A  W  V
V  M  X  H  O  P  O  Q  J  L  J  F  P  S
H  M  N  U  L  L  A  M  A  R  I  N  E  I
A  U  A  K  U  C  F  L  O  R  A  R  D  C
B  N  T  P  N  D  A  K  U  I  S  P  I  C
I  I  U  T  T  Z  P  E  F  D  H  G  V  I
T  T  R  P  A  I  L  Y  L  N  E  J  E  T
A  A  A  W  R  Y  J  L  X  I  O  M  R  A
T  T  L  B  I  W  C  P  N  J  P  O  S  T
B  E  I  M  I  M  K  B  V  X  E  N  I  E
K  S  S  D  S  P  E  C  I  E  S  T  T  O
J  Z  W  O  S  A  L  U  T  E  M  E  A  J
P  L  A  N  T  I  S  E  F  K  D  S  S  D
```

SPECIES	NULLAM
MONTES	NATURA
SICCITATE	NATURALIS
FLORA	PLANTIS
VOLUNTARIIS	OPES
COMMUNITATES	PALUDEM
CAELI	SALUTEM
HABITAT	VIRENTIA
MARINE	DIVERSITAS

25 - Schokolade

```
A  P  P  E  T  I  T  U  S  E  Q  C  T  A
N  U  D  U  L  C  I  S  G  X  D  O  Z  D
T  L  T  I  X  M  Y  T  G  O  I  N  V  I
I  V  U  B  Y  G  J  V  B  T  X  S  P  P
O  E  B  S  Q  S  U  B  A  I  V  E  G  I
X  R  G  V  L  U  R  S  R  C  Q  Q  V  S
I  I  X  Y  Q  G  D  Z  T  F  X  U  E  C
D  S  I  P  U  A  A  N  I  U  C  A  N  I
A  G  V  T  A  R  A  C  S  V  S  T  T  N
N  O  D  O  L  O  R  J  A  A  Z  G  U  G
T  R  O  M  I  M  J  R  N  M  H  P  S  S
Q  K  F  J  T  E  X  Y  A  A  B  T  C  D
R  X  I  V  A  K  C  V  L  R  K  D  Y  P
N  L  I  P  S  Q  S  K  W  A  D  Q  Z  X
```

ANTIOXIDANT	DOLOR
AMARA	PULVERIS
EXOTIC	QUALITAS
VENTUS	CONSEQUAT
GUSTUS	DULCIS
ARTISANAL	APPETITUS
ADIPISCING	SUGAR

26 - Boote

```
Y G P O R T T I T O R M Z X
A R Q D U K C Y I F Q A D O
C E M E Y E P J O Y F R V V
H G T N F L U M E N C E L K
T E C G M V C K R K A Y A K
S M L I N T E R G E N E C N
F U W N A N C H O R T Z U A
E U S E A E S T U S A N S U
S Q N T Z U O V Y F V A L T
J G S E I C T F P A I V L A
A U E I M N K I R A T I S W
H L N F P D E T C R J S N Y
F L U C T U S O Z I L O O Q
O C E A N U M O B F S X B H
```

ANCHOR	ENGINE
SUSTINEO	NAUTICIS
CANTAVIT	OCEANUM
GREGEM	LACUS
PORTTITOR	NAUTA
RATIS	NAVIS
FLUMEN	FUNEM
KAYAK	AESTUS
LINTER	FLUCTUS
MARE	YACHT

27 - Stadt

```
U S T H E A T R U M F H K P
B T J C R G I I X X L Q P I
P A T Q U I E X O K O G R S
C D A M E T T T J R R Y S T
S I H O T E L M A N I M C R
Z U R I P A M N W A S F H I
Q M U N I V E R S I T Y O N
E Y I D A E V A H L T K L U
N P M A G F U F B B Y D A M
R L B U C B O O K S T O R E
L I B R A R Y R M U S E U M
E L I T S Q R Q U S T O R E
S B Z Z U O K U A M R B N J
G A L L E R Y F K T B K Y A
```

ATQUI	HOTEL
RIPAM	EGET
PISTRINUM	MUSEUM
LIBRARY	AMET
FLORIST	SCHOLA
BOOKSTORE	STADIUM
CASU	FORUM
ELIT	THEATRUM
GALLERY	UNIVERSITY
STORE	EXO

28 - Aktivitäten

```
G A R D E N I N G R I P O V
M V E N A T I O N E E I L O
L T D P C M L Y G K G S R L
S Y E K D L X G D N O C O U
C R V N U L E C T I O A A P
O T I U M U O O V T N N H T
N E M Y U D T M O T X D S A
S S O E H O Q M G I J I P T
E U B R A S K O Q N A R T E
Q J T N X X I D T G F Y T M
U G E U I S P I C T U R A S
A I J A R T E S L H R U X C
T K L I M A G I A C T I O U
C A S T R A G N O V S Z P Z
```

ACTIO	VENATIONE
PISCANDI	ES
CASTRA	ARTES
ARTE	LECTIO
CONSEQUAT	MAGIA
OTIUM	SUTURA
GARDENING	LUDOS
PICTURA	KNITTING
COMMODIS	VOLUPTATEM

29 - Bienen

```
B O L I X G I C F A J M P N
J Q H F C M K E U L B I L H
J F L O R E S R M V Z S A H
H L F S D W H A U E X C N K
O O T R A A L I S O L E T R
R R Z V E N I W O D I N I G
T E F R U C T U S V U T S G
U B G L H A B I T A T U F E
S I H I M X Z T N P I R C G
W T Z B N S M X U S L B O J
S O L H U A P O L L E N O B
P O L L I N A T O R Z C U F
E C O S Y S T E M R L J T J
D I V E R S I T A S I G R I
```

POLLINATOR
ALVEO
FLORES
FLOREBIT
ALIS
FRUCTUS
HORTUS
MEL
INSECT
REGINA

HABITAT
ECOSYSTEM
PLANTIS
POLLEN
FUMUS
MISCENTUR
SOL
DIVERSITAS
UTILE
CERA

30 - Wissenschaftliche Disziplinen

```
B A N A T O M I A Y W S J E
N I S K I N E S I O L O G Y
G E O T J E T Y H C B C F M
R G U C R Z O M C H I I M I
A R A R H O X E A E O O E N
M E M P O E N Z U M L L C E
M A D A Z L M O Q I O O H R
A D U I S M O I M A G G A A
T R B N C Z G G S I Y I N L
I I M F T F H T Y T A A I O
C B O T A N I C A M R E C G
A M E T E O R O L O G Y A Y
I M M U N O L O G Y N N N H
A N T I Q U I T A T I S W V
```

ANATOMIA	KINESIOLOGY
ANTIQUITATIS	GRAMMATICA
ASTRONOMIA	MECHANICA
BIOCHEMISTRY	METEOROLOGY
BIOLOGY	MINERALOGY
BOTANICAM	NEUROLOGY
CHEMIA	DUIS
IMMUNOLOGY	SOCIOLOGIAE

31 - Vögel

```
H  G  C  S  F  S  O  Q  T  D  Q  A  C  A
E  B  U  B  L  W  C  V  F  S  C  Q  I  N
R  Q  C  A  A  A  O  Z  U  L  O  U  C  A
O  N  K  Z  M  N  L  Z  P  M  R  I  O  T
N  C  O  N  I  B  P  H  S  U  V  L  N  I
R  O  O  V  N  F  U  Q  I  N  U  A  I  S
I  L  C  T  G  U  L  L  T  B  S  N  A  I
Y  U  W  T  O  N  L  L  T  V  P  S  F  V
Q  M  W  B  U  P  U  H  A  O  E  E  J  D
C  B  G  C  K  A  M  F  C  Y  L  R  H  M
S  A  F  A  B  V  R  J  U  J  I  E  Y  A
E  M  W  Q  H  O  G  I  S  S  C  M  G  A
P  A  S  S  E  R  B  I  G  R  A  H  Z  A
T  O  U  C  A  N  L  N  I  B  N  V  B  L
```

AQUILA	GULL
OVUM	PSITTACUS
ANATIS	PELICAN
NOCTUA	PAVO
FLAMINGO	HERON
ANSEREM	SWAN
PULLUM	PASSER
GA	CICONIA
CORVUS	COLUMBAM
CUCKOO	TOUCAN

32 - Garten

```
T F R S R U T R U M C H Z H
R E S L O X K W M E D O I A
A S D B J L D Z J T T S Z M
M K V I G Y O Y F F W E A M
P S A R C U L U M M H T N O
O E F X B H L M K G E V I C
L P Y F Y O R C H A R D A K
I E D V D R Y X J R B B D I
N M X F U T S G W B A N C O
E G E T Q U E M Z O F L O S
X A Z X Y S T U M R S B H F
B U S H U P Y N S S R Q T H
G A R A G E C Z I W T N R E
Z L P V N W R L W A Y D H F
```

BANCO	ORCHARD
ARBOR	SARCULUM
FLOS	RUTRUM
SOLO	HOSE
BUSH	EGET
GARAGE	XYSTUM
HORTUS	TRAMPOLINE
HERBA	ZIZANIA
HAMMOCK	SEPEM

33 - Antarktis

```
D  M  Z  Z  V  T  O  R  T  O  R  M  P  T
N  I  Y  M  T  E  M  P  E  S  T  A  S  O
M  G  S  C  I  E  N  T  I  F  I  C  E  P
E  R  J  F  C  N  I  T  G  B  R  F  L  O
U  A  E  C  E  T  E  N  I  E  S  R  H  G
B  T  A  V  E  S  J  R  S  F  L  R  R
Y  I  A  Q  U  A  X  L  A  U  G  I  W  A
C  O  N  T  I  N  E  N  S  L  L  G  M  P
Y  V  G  E  O  G  R  A  P  H  I  A  B  H
E  N  V  I  R  O  N  M  E  N  T  B  E  I
E  X  P  E  D  I  T  I  O  N  E  A  U  A
T  E  A  X  T  X  Z  R  O  C  K  Y  Y  S
B  I  N  Q  U  I  S  I  T  O  R  E  M  N
P  E  N  I  N  S  U  L  A  R  R  F  U  Q
```

BAY
ICE
EXPEDITIONE
ROCKY
INQUISITOREM
GEOGRAPHIA
PENINSULA
INSULAE
CONTINENS
MIGRATIO

MINERALIBUS
TORTOR
TOPOGRAPHIA
ENVIRONMENT
AVES
CETE
AQUA
TEMPESTAS
VENTIS
SCIENTIFIC

34 - Fahren

```
D C A U T E B V J B D R P S
P O L I C E N T I A O X E A
E Q L C J X D D N G G K R L
D V K O U D U M E T A T I U
E B A T R N D P S E R A C T
S R M A P J I A C L A E U E
T A R I T C V C A C G N L M
R U S Z P H F A U G E E U M
E B O A Y K I Z V L F A M Z
M O T O R C Y C L E U N L S
O C E L E R I T A T E M I D
T P V E S T I B U L U M Q R
O N U L L A J X C A R U Q V
R P Y A C C I D E N S M T H
```

CAR
DUMETA
ESCA
PEDESTREM
GARAGE
VESTIBULUM
PERICULUM
CELERITATE
MAP
LICENTIA

DOLOR
MOTOR
MOTORCYCLE
AT
SALUTEM
NULLA
CUNICULUM
ACCIDENS
AENEAN
CAUTE

35 - Bücher

```
T R A G I C I L O W U H H Y
G N Q X M O R I B U S T U B
H I U I O H T T N N W I J N
S R S P A G E T O O G N U I
L E C T O R Z E G R V G S H
C A R M I N A R W K N E M I
O G I I M T C A S U S N O S
N U P A E R A R F T N I D T
T E T W Y S R U G A O O I O
E U U Q X Q M M P J B S U R
X Q M W X G E W X Y L U Y I
T P E R T I N E T Z I S L C
X A U C T O R O Q O C A A A
D U A L I T A T E M I Y E Q
```

CASUS	CONTEXT
AUCTOR	LECTOR
MORIBUS	LITTERARUM
DUALITATEM	CARMINA
INGENIOSUS	PERTINET
CARMEN	NOVE
FABULA	PAGE
SCRIPTUM	SERIES
HISTORICA	TRAGICI
HUJUSMODI	

36 - Menschlicher Körper

```
C L D G L A Y J R G E P S J
A Q F J H N P H U F E Z A N
P W D N D C L U A A I F N K
U T C A W K H M B G J O G D
T A U R I S C E R E B R U M
S R B I M F O R E N N Z I A
S S I B M E R U U U C O N N
H O T U D B N M V S O S E U
V U U S I A S T L O L K M Q
U F S D G S D S U Q L R X O
H F A C I E M Q D M U E Y G
U G N B T C U T I S M S M K
D M F H U M M A X I L L A K
Q M R T S L I N G U A I Q Q
```

CRUS
SANGUINEM
CUBITUS
DIGITUS
CEREBRUM
FACIEM
COLLUM
MANU
CUTIS
COR

MAXILLA
MENTUM
GENU
TARSO
CAPUT
ORE
NARIBUS
AURIS
HUMERUM
LINGUA

37 - Klettern

```
C Q S Y G L N X J D C Q W F
A Q T P B N I T V U H A C L
E O A C P N R B P C A E V P
S F B K E I J U B E L R C E
T Q I F R R K Y F S G I U T
U A L T I T U D O N B S R H
S I I A T A B E R N U S I K
G N T N U C A L T X G P O C
R I A G S K U E I P Y B S G
E U T U J L V F T A Z I I A
H R E S L N X I U V C V T L
V I M T X I Y W D P D J A E
P A M A C O R P O R I S S A
N M P K M A P S U Q Q O L M
```

AERIS
PERITUS
DUCES
CAESTUS
GALEAM
ALTITUDO
CAVE
MAP

CURIOSITAS
CORPORIS
ANGUSTA
STABILITATEM
FORTITUDO
TABERNUS
INIURIAM

38 - Landschaften

```
X  T  I  Y  V  F  W  E  H  P  Q  G  C  U
C  U  N  C  A  L  L  M  T  Y  U  E  A  X
B  N  T  N  B  U  I  I  A  Q  M  Y  T  P
C  D  U  V  F  M  O  N  V  R  W  S  A  R
A  R  I  G  R  E  L  Y  S  M  E  E  R  V
V  A  H  N  S  N  G  Z  F  U  P  R  A  G
E  P  E  N  I  N  S  U  L  A  L  O  C  L
H  I  L  L  B  P  B  B  M  V  O  A  T  A
S  C  C  Z  M  M  E  B  W  O  G  S  A  C
I  F  W  E  F  J  A  E  N  L  U  I  X  I
N  J  Q  F  B  G  C  L  A  C  U  S  D  E
U  H  C  V  Z  E  H  P  P  A  L  U  S  R
M  D  B  P  Z  B  R  I  T  N  X  P  J  L
D  E  S  E  R  T  O  G  M  O  N  T  E  M
```

MONTEM	MARE
ICEBERG	OASIS
FLUMEN	LACUS
GEYSER	BEACH
GLACIER	PALUS
SINUM	TUNDRA
PENINSULA	VOLCANO
CAVE	CATARACTA
HILL	DESERTO
INSULA	

39 - Abenteuer

```
C  P  S  D  I  F  F  I  C  U  L  T  A  S
G  E  T  H  U  E  O  V  I  R  T  U  T  E
A  R  U  I  V  B  U  R  H  O  H  Z  D  T
U  I  D  T  S  A  L  U  T  E  M  S  O  F
D  C  I  G  W  R  M  B  I  E  C  C  C  N
I  U  U  N  E  H  S  A  Y  A  D  A  C  R
U  L  M  A  S  X  U  M  F  F  C  A  A  V
M  O  H  T  J  O  M  I  R  U  M  T  S  R
Z  S  A  U  H  Z  L  C  N  P  T  S  I  F
D  U  M  R  E  A  E  I  E  N  R  Q  O  O
M  M  E  A  R  P  K  S  T  N  Q  B  N  K
R  N  F  N  O  V  U  M  Y  A  U  M  E  I
I  T  I  N  E  R  A  R  I  U  M  B  M  I
P  U  L  C  H  R  I  T  U  D  O  G  T  A
```

ACTIO	NOVUM
STUDIUM	ITINERARIUM
FORTE	PULCHRITUDO
GAUDIUM	DIFFICULTAS
AMICIS	SALUTEM
PERICULOSUM	VIRTUTE
OCCASIONEM	INSOLITA
NATURA	MIRUM

40 - Flugzeuge

```
B E C A E L U M A A V L E A
C A N A I N F L A M U S S G
A C L G N A V I G A R E C T
S O B L I T X A C I Z G A D
U N B F O N A L S Y H M N E
S S C L R O E V B K H P Y S
F E U V B N Q I D F N O C
E C O N S T R U C T I O N E R
R T A L T I T U D O Q O A N
O E H I S T O R I A Z J E S
C T R A N S E U N T E C R U
I U G U B E R N A T O R I S
A E R K T E M P E S T A S L
M R A C O N S I L I U M Z X
```

CASUS   ALTITUDO
DESCENSUS   CONSTRUCTIONE
AERIS   AER
INFLAMUS   ENGINE
BALLOON   NAVIGARE
ESCA   TRANSEUNTE
CANTAVIT   GUBERNATOR
CONSILIUM   FEROCIAM
HISTORIA   CONSECTETUER
CAELUM   TEMPESTAS

41 - Haartypen

```
T U P A B C P R C W C C L C
S C O L O R A T U M R I E R
T A M H M I O Y G N U N N A
O L N A B S P W Z W S C I S
R V E U D P G F N E I I S S
T U H P S U I L I Y C N M U
I S C G Z S E A G Y C N W S
S T I J A F U V R T U I O K
D E N I Q U E I U M M S Y F
L N W M M D J S M O L L I S
K U T K M I A R G E N T U M
Y I A L B U S P I T U N M V
Y S X H C Z V R I B Q P F O
Y S N K S O G R A Y P A O W
```

FLAVIS
BROWN
CRASSUS
TENUIS
COLORATUM
TORTIS
SANUS
LENIS
CRUS
GRAY

CALVUS
DENIQUE
DIU
CINCINNIS
CRISPUS
NIGRUM
ARGENTUM
SICCUM
MOLLIS
ALBUS

42 - Essen #1

```
D  B  Y  L  E  M  O  N  F  R  A  G  U  M
R  A  P  A  R  S  U  C  U  S  D  N  D  X
E  S  U  H  O  R  D  E  U  M  S  A  L  G
H  I  N  C  S  Z  Y  C  L  P  E  F  P  B
A  L  L  I  U  M  X  D  I  I  F  J  I  V
V  I  I  N  G  S  S  E  M  B  T  E  R  C
R  U  Y  M  A  P  Y  C  A  P  U  L  U  S
M  S  X  T  R  I  L  A  C  L  N  M  M  T
R  A  K  M  M  N  I  Z  E  X  A  F  Y  V
U  W  Q  K  B  A  X  M  P  L  H  M  X  I
T  U  P  H  R  C  P  C  A  O  X  R  R  G
B  I  S  U  B  H  Q  Y  L  P  K  G  L  O
Q  O  G  N  X  F  Q  H  J  D  Y  F  V  Q
R  B  Q  J  S  Q  I  Y  K  G  Y  D  Q  U
```

BASILIUS	RAPA
PIRUM	SUCUS
FRAGUM	SEM
EROS	SAL
CIBUM	SPINACH
HORDEUM	ELIT
CAPULUS	TUNA
DAUCUS	LEMON
ALLIUM	SUGAR
LAC	CEPA

43 - Gebäude

```
D V U M Y K F L Z I T F K Z
O Z N U L L A R A M D A U W
M Q I U S S T H E A T R U M
U L V H O T E L H K C M Y O
S H E X O S C H O L A U P H
L L R G G S T L J V M S J F
F K S F A V P D M D E E M A
O E I E O T R I I U R U K C
S R T W H R I W C R A M T T
Q K Y F S G U O K I M M U O
G A R A G E V M N N O I R R
Q U J G T H O R R E U M R Y
S T A D I U M C X K M F I J
L Q J H O S P I T A L I S I
```

FARM	NULLA
LEGATIONEM	MUSEUM
FACTORY	HORREUM
GARAGE	SCHOLA
DOMUS	STADIUM
HOSPICIO	FORUM
HOTEL	THEATRUM
CAMERAM	TURRIS
HOSPITALIS	UNIVERSITY

44 - Angeln

```
X  L  D  D  E  F  M  Q  B  E  A  C  H  T
V  T  G  G  S  Q  I  Y  G  J  P  L  C  E
N  A  V  I  C  P  M  L  C  R  P  F  O  M
F  K  Q  H  A  M  O  H  U  P  A  L  Q  P
C  A  N  I  S  T  R  U  M  M  R  U  U  O
A  B  R  A  N  C  H  I  A  S  A  M  E  R
L  U  X  W  P  I  C  F  X  A  T  E  S  U
V  A  G  W  O  B  A  G  I  R  U  N  M  M
L  O  C  E  A  N  U  M  L  A  U  N  Q  F
T  D  T  U  N  C  W  X  L  J  Z  T  O  C
F  C  X  H  S  D  S  D  A  Q  U  A  C  X
G  A  Z  N  T  P  O  N  D  U  S  R  Y  T
P  A  T  I  E  N  T  I  A  Q  Z  F  O  E
B  V  V  M  N  T  T  C  I  Q  F  A  Q  O
```

APPARATU	BRANCHIAS
NAVI	COQUES
FILUM	CANISTRUM
FLUMEN	ESCA
PATIENTIA	OCEANUM
PONDUS	LACUS
HAMO	BEACH
TEMPORUM	AUGENDO
MAXILLA	AQUA

45 - Regenwald

```
A N D Q C S I L W C S N M V
Z A U D A I P N M U S C U S
F T H X E Z T E S L R T B A
Y U G E L U Y M C E Y X B L
A R J K I F N N O I C W O U
M A W J E E L U M G E T T T
P R E T I O S U M Y W S A E
H N Z Q V C B D U I U W N M
I F X V G T R U N C A T I S
B G E C H J I F I U Q Q C H
I P F I X Z Z G T O B A A K
A W U O V J C E A U M E U G
Q U A N T U M O S R L Q S A
R C A V E S N U L L A M Q B
```

AMPHIBIA
SPECIES
BOTANICA
TRUNCATIS
COMMUNITAS
INSECTA
CAELI
MUSCUS

NATURA
QUANTUM
NULLAM
SALUTEM
AVES
PRETIOSUM
NUBES

46 - Essen #2

```
C T R I T I C U M O R H V E
E C A S E U S Q V K P A A A
R I C E U S P M D A X N S M
A M D R A A R R V A V D P E
S V W U S P A N E M I F A W
U C V A O P P I Y O G U R T
S U T K V I V L W H I N A P
C A C T U S C D E E L G G U
A R M G M C B B H J A O U L
A P I U M E R F H W N R S L
G K B N W S G P X P T U O U
S C E L E R I S Q U E M F M
E E G G P L A N T H M E E B
A L G E N T E M Y L D S V E
```

APPLE   CERASUS
CACTUS   VIGILANTEM
EGGPLANT   FUNGORUM
ALGENTEM   RICE
PANEM   HAM
OVUM   SCELERISQUE
PISCES   APIUM
PULLUM   ASPARAGUS
YOGURT   UVA
CASEUS   TRITICUM

47 - Familie

```
S P B I R A J B V N I B A P
E P A V U S Y F I L I I V U
A P A T E R N I R F M K I E
U G P R R X X L U R M B A R
P A T E R U D I H A C E G I
E Q M U M R U A H T G T N T
U J S A A L X S P E V E V I
C N O N T N O X W R N E G A
Q G R Z E E R H M A T E R L
X U O H R P R C O G N A T A
H V R C N O T T D N G A K D
X D C T O S V I E W R T I Q
P U E R Q O V I S R Y R Q A
A N C E S T O R Y L A A L E
```

FRATER	NEPOS
UXOR	NEPTIS
VIR	PATRUUS
AVIA	SOROR
AVUS	MATERTERA
PUER	FILIA
FILII	PATER
PUERITIA	PATERNI
MATER	COGNATA
MATERNO	ANCESTOR

48 - Pflanzen

```
F  L  O  R  A  W  S  V  A  E  P  L  H  P
B  R  B  O  T  A  N  I  C  A  M  P  O  E
E  L  O  S  T  E  R  C  O  R  A  T  R  T
R  X  X  N  L  B  E  A  N  W  B  L  T  A
R  K  S  R  D  C  A  C  T  U  S  Z  U  L
Y  W  R  Y  P  E  H  M  M  E  Q  D  S  O
Z  Y  F  L  O  S  F  E  B  F  R  M  W  R
M  U  S  C  U  S  O  R  R  O  E  D  U  U
A  B  Z  B  Z  P  L  A  R  B  O  R  J  M
T  F  W  C  T  M  I  E  X  U  A  Y  Z  E
A  Q  E  Q  G  Z  U  L  K  S  I  L  V  A
H  E  D  E  R  A  M  H  D  H  H  E  V  N
V  I  R  E  N  T  I  A  R  A  D  I  X  Q
O  O  U  A  S  R  N  K  L  P  X  U  J  D
```

BAMBOO	HEDERA
ARBOR	FLORA
BERRY	HORTUS
FOLIUM	HERBA
FLOS	CACTUS
PETALORUM	FRONDE
BEAN	MUSCUS
BOTANICAM	VIRENTIA
BUSH	SILVA
STERCORAT	RADIX

49 - Kunst

```
Z  D  W  V  J  C  V  I  S  U  A  L  H  T
C  M  I  Z  F  H  U  N  C  H  M  E  A  M
S  A  T  Q  F  M  W  S  G  S  E  V  T  O
J  L  R  T  V  F  M  P  J  N  T  W  A  O
C  I  Z  M  S  U  B  I  E  C  T  U  M  D
P  O  D  W  I  P  E  R  T  R  A  H  E  S
A  I  M  N  M  N  A  A  D  T  B  Q  K  F
S  B  C  P  C  O  A  T  E  L  L  U  S  Q
I  O  O  T  L  A  T  I  V  M  E  R  R  H
G  I  U  G  U  E  O  R  I  G  I  N  A  L
N  C  T  H  E  R  X  H  R  Y  V  H  A  W
U  A  I  Y  N  S  A  U  L  W  X  O  I  R
M  B  Z  S  U  R  R  E  A  L  I  S  M  J
J  D  J  E  X  P  R  E  S  S  I  O  X  I
```

EXPRESSIO	ALIO
AMET	CARMINA
SUBIECTUM	PERTRAHE
PICTURAE	MOOD
INSPIRATI	SURREALISM
TELLUS	SIGNUM
COMPLEXU	VISUAL
ORIGINAL	

50 - Gewürze

```
A  L  L  I  U  M  M  A  M  A  R  A  L  B
A  M  K  Y  Y  C  Z  S  C  E  P  A  B  C
N  P  O  Y  W  G  I  N  G  I  B  E  R  U
E  I  C  M  N  P  B  I  F  A  D  R  K  R
T  P  R  T  U  D  U  L  C  I  S  U  X  R
H  E  O  T  T  M  N  R  S  H  C  R  M  Y
U  R  C  V  M  V  C  M  U  M  O  R  J  A
M  W  U  F  E  V  A  E  P  S  R  J  F  U
P  D  S  B  G  N  E  V  A  N  I  L  L  A
G  S  A  P  O  R  E  M  O  W  A  J  N  P
A  K  L  W  C  E  M  S  R  A  N  G  F  P
F  A  E  N  I  C  U  L  I  A  D  Y  F  L
I  Z  W  T  R  W  G  P  A  P  R  I  K  A
Y  V  L  I  Q  U  I  R  I  T  I  A  E  Q
```

ANETHUM	LIQUIRITIAE
AMARA	NUTMEG
PURUS	PAPRIKA
CURRY	PIPER
FAENICULI	CROCUS
SAPOREM	SAL
GINGIBER	ACIDUM
AMOMUM	DULCIS
ALLIUM	VANILLA
CORIANDRI	CEPA

51 - Gemüse

```
A K U R Y A O F E O P O Q S
P L E G G P L A N T J L C H
I U L C Z P P Y F C Q I P A
U S P I N A C H Y P R V E L
M E J F U N G O R U M A T L
C M X O N M K Y K A G E R O
U L G I N G I B E R P G O T
C A L G E N T E M A W A S Q
U C D P I S U M D D L S E O
R B R A S S I C A I U A L W
B B Y M U A T C U C U M I S
I C E P A C A C T U S V N W
T J A D Y G U Q K L I M U K
A W P K C L X S Y A T R M H
```

CACTUS   OLIVAE
EGGPLANT   PETROSELINUM
BRASSICA   FUNGORUM
ALGENTEM   RADICULA
PISUM   RAPA
CUCUMIS   SEM
GINGIBER   SHALLOT
DAUCUS   APIUM
ALLIUM   SPINACH
CUCURBITA   CEPA

52 - Tanzen

```
C U L T U R A N L J F V N V
H S D S T A T U R A M Z U I
O C L A S S I C A L K I M S
R G L A E T A R M E Q F E U
E R E C E N S E N D U M R A
O A C A D E M I A E U O O L
G T J C T D T R A D I T U M
R I E S O A F F E C T U S O
A A X B F R M I O L X S J H
P H T W Y P P P E P I A W H
H S U S O C I U M U S I C A
Y G Z U S C B Q S K J O E V
U C U L T U R A E P V U W X
E X P R E S S I V U M T S Q
```

ACADEMIAE
GRATIA
EXPRESSIVUM
MOTUS
CHOREOGRAPHY
AFFECTUS
LAETA
STATURAM
CLASSICAL
CORPUS

CULTURA
CULTURAE
ES
MUSICA
SOCIUM
RECENSENDUM
NUMERO
TRADITUM
VISUAL

53 - Ernährung

```
C  I  B  U  S  S  C  Q  D  L  L  Q  D  C
Y  P  S  Y  S  A  N  U  S  I  R  P  F  A
S  J  U  Q  V  L  M  A  I  B  E  Q  E  R
J  E  R  G  J  U  M  L  T  R  D  T  R  B
R  G  R  J  O  T  P  I  M  A  U  T  M  O
D  U  C  V  J  E  A  T  B  T  L  K  E  H
Y  Y  W  Y  O  M  P  A  S  U  I  Z  N  Y
P  O  N  D  U  S  P  S  A  M  S  D  T  D
Z  A  M  X  B  V  E  I  P  A  R  S  U  R
C  O  N  C  O  C  T  I  O  N  E  M  M  A
L  X  L  J  U  J  I  V  R  S  U  Z  C  T
M  V  P  I  W  M  T  N  E  F  W  B  S  E
F  W  M  G  L  N  U  A  M  A  R  A  T  S
T  O  X  I  N  Y  S  F  T  U  N  T  L  L
```

APPETITUS	PONDUS
LIBRATUM	CARBOHYDRATES
AMARA	CIBUS
DIET	PARS
EDULIS	SERVO
FERMENTUM	QUALITAS
SAPOREM	TOXIN
SANUS	CONCOCTIONEM
SALUTEM	

54 - Technologie

```
C G W Y B H E S H F C P K D
V I R U S C R E E N U W G A
S E H W S A P O U O R U W T
D O C F V M H A M H S K L A
I S F I L E R D T P O U F H
G Z X T Y R E S E A R C H Z
I E I C W A R G H S X T I S
T T P A G A K E J C C T A L
A J Z S S H R V C O C S W T
L I N T E R N E T T B P N R
U P R O P O N O K W U B C Z
S E C U R I T A T E M M R L
N U N T I U S E N S V R W U
K B M Z P C Z I Y K Y N D O
```

PROPONO	RESEARCH
SCREEN	INTERNET
PASCO	CAMERA
EU	NUNTIUS
CURSOR	SECURITATEM
FILE	SOFTWARE
DATA	RECTUM
DIGITAL	VIRUS

55 - Wasser

```
E N U K P D T Z O P M P F E
V T I C E R I X I N S L L X
A C P X I S O L E X J U U E
P A Y Q M O V C U K R V C L
O N Y N B P H A E V G I T A
R A F A E I U W J L I A U C
A L A F R A M V G E L U S U
T I E T E S I A T O B A M S
I S X F U Q D P G C F A E Z
O V N I E L O O E E L P H C
X U N M Y K W R Y A U X T S
H U M I D I T A S N M E M T
D R I N K A B L E U E J K O
P X B D T J V Z R M N G L S
```

VAPOR
IMBER
ICE
HUMIDO
HUMIDITAS
FLUMEN
DILUVIUM
GELU
GEYSER
PROCELLAE

CANALIS
ETESIA
OCEANUM
PLUVIA
NIX
LACUS
DRINKABLE
EVAPORATIO
FLUCTUS

56 - Science Fiction

```
S I D D Y S T O P I A H I F
U L S Z G A E R G P G R V N
S L B N U K F A A L I N D S
P U C O R U C C L A M X I N
E S L R H T H U A N A A S S
N I A D E O E L X E G R T F
D O T F X P M U I T I C A K
I E O X T I I M A A N A N N
S Z M E R A C T M P A N T U
S R I J E P A U U I R U B L
E B C O M C L B N S I M E L
S Z U I A P S H D Y A J U A
H Y S F U T U R I S T I C Y
I C O N S C R I P S E R I T
```

ATOMICUS   ARCANUM
CHEMICALS   ILLUSIO
DYSTOPIA   IMAGINARIA
CREPITUS   ORACULUM
EXTREMA   PLANETA
SUSPENDISSE   CONSCRIPSERIT
DISTANT   NULLA
IGNIS   UTOPIA
FUTURISTIC   MUNDI
GALAXIA

57 - Haustiere

```
Y X B H Z K W L A C E R T A
F Q J I B Z V Q T K S B O U
C S Z R C N L E P U S O R I
P H B C I K Z H K A V S Q K
F I A U B P S I T T A C U S
E B S M U R U K H Q A E E D
L C U C M W N P G Q U P M Q
I A J C E Y G B P Q L U U V
S U A X S U M Z Y O M S V
U D Q O Q S I I T U R T U R
Z A U W U U B S U U U B K P
U D A Q L I U R G G M I Y Y
P C B J C Q S C A N I S V V
V E T E R I N A R I U S T L
```

LACERTA	LORUM
CIBUM	MUS
PISCES	PSITTACUS
LEPUS	TURTUR
CANIS	CAUDA
FELIS	VETERINARIUS
TORQUEM	AQUA
UNGUIBUS	PUPPY
BOS	HIRCUM

58 - Geburtstag

```
A Z C I U V E N E S C T H I
D I E A M I C I S Z E S L N
M Y Q N N N A T U S L S B V
O T I V A T D I S C E R E I
P G T F N R I Y W U B T A T
I I N E N A F C U T R E T A
F K N J O V H U U G A M U R
M L A E T A L B J M T P S E
A M E M O R I A H J I U Z E
S Y P D O N U M O H O S Z T
S C A N D E L A S D U Y T C
A K R L J X C A L E N D A R
E Z S E C S P E C I A L I S
R E M D S A P I E N T I A Q
```

INVITARE	CALENDAR
MEMORIA	CANDELAS
CELEBRATIO	MASSAE
LAETA	DISCERE
AMICIS	CANTICUM
NATUS	PARS
DONUM	SPECIALIS
BEATUS	DIE
ANNO	SAPIENTIA
IUVENES	TEMPUS

59 - Literatur

```
C M T I B U S P A I I N A W
O E E V M P N O B B R U R Z
N T T R A G O E D I A M G J
C A F S Q A V T V M B E U C
L P F A D K E I H I I R M M
U H Q J B I C C X I T O E S
S O K E D E A A P N X A N W
I R Z H T U L L D K L K T A
O A C L O S A L O B M Q U U
V G G A X F R H A G K G M C
S I M I L I T U D O U M P T
G E N U S C A R M E N S T O
Y H M F S T Y L E Y C M L R
Z E C X F A A N A L Y S I S
```

SIMILITUDO
ANALYSIS
FABELLA
AUCTOR
VITA
DIALOGUS
FICTA
CARMEN
GENUS

METAPHORA
POETICA
NUMERO
NOVE
CONCLUSIO
STYLE
ARGUMENTUM
TRAGOEDIA

60 - Wandern

```
Z A C P G T R O W G L L P F
L N Y B R L E D P U G A A G
V I F O A A N M L F S S R T
O M W A V P E J P R B S C K
R A F W I I Z P L E Y U I X
I L F B S D Z U A J S S S Y
E I T R N E S O L R T T H L
N A L C A S T R A E A Y A H
T F N T T A I D I O B T F S
A I R W U Q C U L M E N I Q
T A M C R U K C C X R G S O
I G F A A A X E M O N T E M
O Y F V P P N S Q Z U V K Q
N C A E L I F E R A S P E E
```

MONTEM   GRAVIS
CASTRA   SOL
DUCES   LAPIDES
CULMEN   TABERNUS
MAP   ANIMALIA
CAELI   PRAEPARATIO
LASSUS   AQUA
NATURA   TEMPESTAS
ORIENTATION   FERA
PARCIS

61 - Länder #2

```
D G N E P A L P G O H G S O
L Q L D H A S P V R A A Y R
X A Z Y E E W X K U I L R F
V L O I N T V M Z S T L I D
Q E L S P H P T W S I I A A
I F U W N I G E R I A A J G
L S G C A O J A M A I C A R
F I U H Y P A K E D U M L A
Q U B D Q I P E X A C Q B E
E G C E A A A N I N R B A C
W A R H R N N Y C I A X N I
U N E L Z I I A O A I Q I A
J D R O B Q A A A E N Y A O
T A H I B E R N I A A L Q W
```

ALBANIA   LAOS
AETHIOPIA   LIBERIA
DANIAE   MEXICO
GALLIA   NEPAL
GRAECIA   NIGERIA
HAITIA   RUSSIA
HIBERNIA   SUDANIA
JAMAICA   SYRIA
JAPAN   UGANDA
KENYA   UCRAINA

62 - Fahrzeuge

```
X C A R H F G C M O O L O C
L J A V S E Q O P B R M R O
T A X I C Q L M N L J C P M
L M O V O O M I H R Y U B I
E B G A O S K T C F M D Q T
P U J M T U T A M O T O R A
O L S U E B I T N X P K M T
R A V S R W R U Y A N T D U
T N D J W A E E K D V Y E M
T C B O Q Y S R B E E I S R
I E Z F L J Y U M M L N Y A
T R A C T O R C T N Z V A T
O P T C N I R A K R X X D I
R S U B M A R I N E E L Y S
```

CAR	ERUCA
NAVI	TIRES
PORTTITOR	SCOOTER
RATIS	TAXI
VIVAMUS	TRACTOR
HELICOPTER	SUBWAY
AMBULANCE	SUBMARINE
DOLOR	COMITATUM
MOTOR	COMITATU

63 - Musikinstrumente

```
K  P  V  Q  S  P  E  R  C  U  S  S  U  S
W  O  M  A  V  O  G  S  P  W  M  U  E  A
N  V  R  P  H  C  N  H  Q  C  V  V  X  X
T  I  B  I  A  E  B  A  S  S  O  O  N  O
I  T  A  A  X  W  V  R  T  U  B  A  F  P
P  A  N  N  G  T  Y  M  P  A  N  U  M  H
L  E  J  O  O  Y  Y  O  R  Y  J  X  G  O
E  Z  O  I  N  Q  Z  N  D  D  B  J  H  N
N  C  W  O  G  P  S  I  B  C  X  S  D  E
I  J  A  W  F  N  H  C  I  T  H  A  R  A
T  I  B  I  A  E  F  A  E  V  E  R  C  U
T  R  O  M  B  O  N  E  V  L  Q  H  T  B
M  A  N  D  O  L  I  N  T  I  L  P  Y  X
M  C  J  X  I  K  O  F  U  V  E  O  Y  G
```

BANJO	PIANO
CELLO	MANDOLIN
BASSOON	HARMONICA
TIBIA	SONATA
VITAE	TROMBONE
CITHARA	SAXOPHONE
PLENI	PERCUSSUS
GONG	TYMPANUM
TIBIAE	TUBA

64 - Blumen

```
C I P D T T R I F O L I U M
A A B P M A G N O L I A S D
S H S J N U R H I B I S C O
I V T U L I P A A E N E A N
A M F L O S T E X E B G R P
P E T A L O R U M A F R S L
H E L I A N T H U S C Y Z U
P A P A V E R H D O V U S M
D A I S Y Z H S R O L O M E
X C B N M X L I L I U M H R
A R R O S A O R C H I D Y I
S Y O Q V C G A R D E N I A
P A S S I O N F L O W E R C
A G L A O P H O T I S L R M
```

PETALORUM	PAPAVER
GARDENIA	ORCHID
DAISY	PASSIONFLOWER
HIBISCO	AGLAOPHOTIS
AENEAN	PLUMERIA
TRIFOLIUM	ROSA
CASIA	HELIANTHUS
LILIUM	FLOS
TARAXACUM	TULIPA
MAGNOLIA	

65 - Natur

```
V X L W D E S E R T O F S P
K L Y E O S P Z V F E R A U
F A P E S E A C U S A O N L
B L C G A R C T I C I N C C
T X U U O E I J B V C D T H
N H O M W N S K H J A E U R
B D L T E A U J S I L V A I
V C B P G N Y B F H I O R T
M O N T E S B Y E J G D I U
N S F V I T A L I S O F U D
E X E S A G L A C I E R M O
S K H S Z T R O P I C A L Y
S U S C I P I T U I R M R S
A N I M A L I A B V Q V O Y
```

ARCTIC
MONTES
APES
SUSCIPIT
EXESA
FLUMEN
PACIS
GLACIER
SANCTUARIUM
SERENA

FRONDE
VITALIS
CALIGO
PULCHRITUDO
ANIMALIA
TROPICAL
SILVA
FERA
NUBES
DESERTO

66 - Urlaub #2

```
T A B E R N A C U L U M V J
M O N T E S A N U L L A I H
Y S D E H I D M U H N P S U
E L I T Y E V V E O G I A Q
S A C A W U X H J T A Z F U
D N L X L L Y P C E N M C H
C O M I T A T U G L K X N V
M A R E E I N S U L A F C M
F L Z V T N V W W T B Q L C
H E T Y Z O A G H O G O X A
K X U L S I N G R A P H U S
O T I U M T B E A C H V M T
B A Z K F E R I A S A O G R
P E R E G R I N U S Q S K A
```

PEREGRINUS	SINGRAPHUS
ALIENA	ITER
MONTES	AMET
CASTRA	BEACH
ELIT	TAXI
OTIUM	NULLA
HOTEL	FERIAS
INSULA	VISA
MAP	TABERNACULUM
MARE	COMITATU

67 - Zirkus

```
H E R T S M A G I A V P Z E
G A J A P A U O M V V O O L
X Z B N E G G S M O Q M T E
E Z Y I C U M I I K S P M P
Q N B M T S S M G C F A K H
E E D A A U L I O A A M H A
B Z T L T C W A Q C L E O N
R A V I O F T O S R I Z I T
R Z L A R A I T N O Q J U I
H K Y L H N G I D B U T F S
P H V A O T E Z O A A L T S
Y Z V M P O R D L T M D S X
T M J K R Y N J U G G L E R
O S T E N D E S M V X B X T
```

SIMIA
ACROBAT
BALLOONS
ELEPHANTIS
ALIQUAM
JUGGLER
HABITU
LEO
MAGIA

MUSICA
POMPAM
ANIMALIA
TIGER
DOLUM
MAGUS
OSTENDE
SPECTATOR

68 - Barbecues

```
O P V Y L F T H J W L X J R
T R D P C U A L I H E Q C F
C A L I D U M M J V G S R A
O N U P I W I U I S U T A M
N D D E F Y C S A L M O T E
D I O R P V I I Y O I M I S
I U S T M O S C I F N A C W
M M F Q J N T A Z R A T U H
E P U L L U M E S U C O L O
N A E S T A T E N C M E A P
T R I D E N T E S T C S M Y
U D O Z F F U V N U I E I Z
M P Z T L D O A G S X Y P Z
F I L I I G R X N Q H R V E
```

PRANDIUM
FAMILIA
AMICIS
FRUCTUS
TRIDENTES
LEGUMINA
CRATICULAM
CALIDUM
PULLUM
FAMES

FILII
MUSICA
PIPER
POTENTI
SAL
AESTATE
CONDIMENTUM
LUDOS
TOMATOES
CEPE

69 - Küche

```
Z R F Y B K D V K E C N S E
C H O P S T I C K S L I W L
R O C R A T E R S Q I V M M
A J N M A U R I S K B E Z J
T N K S C Y P H O S A V Z Y
I Y U A E T R I D E N T E S
C X N V R Q P I D W O I L P
U R G R X O U O J K G L E O
L E O A L M M A C K Z Q B N
A B H Y D R I A T U I G E G
M P Y C I B U M T Y L S T I
H A U R I A T U R A W A E A
A K H P S U D A R I O Q D Q
L O K X P I X K F H E L I G
```

CIBUM
CHOPSTICKS
TRIDENTES
MAURIS
AROMATA
CRATICULAM
HAURIATUR
HYDRIA
LEO

SCYPHOS
CLIBANO
CONSEQUAT
CRATER
SPONGIA
SUDARIO
POCULA
LEBETE

70 - Schach

```
L H C N X X A P C A C X F T
P U N C T A O T E M P U S R
B I D A R N I G R U M A T P
L L U I L T Q L T E U W R R
W U C C O B Q P A S S I V A
W E D O T L U V M O O C S E
A D L U E Q U S E A Y L Z C
C A G J M J M D N E T U L E
C R T Z C O N S I L I O Q P
A D V E R S A R I U S I I T
D I S C E R E J C K S U T A
S A C R I F I C I U M R E X
T O R N E A M E N T U M J A
R E G I N A D I A M E T E R
```

DIAMETER
ADVERSARIUS
REX
REGINA
DISCERE
SACRIFICIUM
PASSIVA
PUNCTA
PRAECEPTA

NIGRUM
LUDUM
LUDIO LUDIUS
CONSILIO
TORNEAMENTUM
ALBUS
CERTAMEN
TEMPUS

71 - Erhaltung

```
H  Y  R  P  S  C  H  E  M  I  C  A  L  S
V  A  E  H  P  A  N  H  L  M  Q  I  R  Z
N  E  D  A  O  E  D  U  C  A  T  I  O  N
A  C  U  B  L  L  F  U  J  A  S  L  J  D
T  O  C  I  L  I  B  R  G  P  C  V  P  H
U  S  E  T  U  V  Q  S  A  L  U  T  E  M
R  Y  R  A  T  I  N  U  B  H  R  N  S  A
A  S  E  T  I  R  U  H  A  L  S  M  T  Q
L  T  V  L  O  I  L  O  Z  M  U  I  I  U
I  E  P  L  D  D  L  E  I  P  S  G  C  A
S  M  K  M  T  I  A  O  R  G  A  N  I  C
V  V  I  C  G  S  M  G  J  I  R  G  D  I
E  Z  Q  F  Z  R  F  J  E  D  L  J  E  Y
Q  Z  E  R  G  Q  A  Y  E  E  C  B  R  N
```

EDUCATION	ORGANIC
CHEMICALS	ECOSYSTEM
SALUTEM	PESTICIDE
VIRIDIS	REDUCERE
CAELI	ALIQUAM
HABITAT	POLLUTIO
NULLAM	AQUA
NATURALIS	CURSUS

72 - Geographie

```
A P Y F U R B E M D F S L T
T A G C H X E W X P F L O E
L T J H B F J G Y M A P N R
A R R B S C Z N I W Z S G R
S I A L T I T U D O R K I I
L A T I T U D O K G N G T T
M E R I D I A N U S W E U O
F L U M E N E A I F Y A D R
M U N D I V Y O N M P W I I
C O N T I N E N S O U Z N O
B K N O C E A N U M R O I S
H Y U T W E S T L A O T S G
U J F K E T R D A R E O H W
R M D N W M Y F R E E D J D
```

ATLAS   LONGITUDINIS
MONTEM   MARE
LATITUDO   MERIDIANUS
FLUMEN   NORTH
TERRITORIO   OCEANUM
ALTITUDO   REGIONE
INSULA   URBEM
MAP   MUNDI
CONTINENS   WEST
PATRIA

73 - Zahlen

```
Q U I N D E C I M U T F D Q
R T R E D E C I M L A F E U
B R S E X R B G Y Q F G C A
D E C I M A L E S D N V E T
Z S J X Q Q U I N Q U E M T
N E D W A U L A G P L O E U
L P A O H N A V D I L D T O
G T F C S O H T E O A W O R
S E R T L I X R T Y H R C D
A M N O V E M X L U P C T E
S E D E C I M P S V O P O C
P B X E V I G I N T I R W I
M G L Z J B D E C E M Q M M
T U N D E V I G I N T I M Z
```

OCTO

NULLA

DECEM ET OCTO

SEX

DECIMALES

SEDECIM

TRES

SEPTEM

TREDECIM

QUATTUOR

QUINQUE

QUATTUORDECIM

QUINDECIM

DECEM

NOVEM

VIGINTI

UNDEVIGINTI

DUO

74 - Urlaub #1

```
S  E  J  B  D  L  P  Z  I  G  C  B  O  T
A  Z  B  K  I  O  A  X  B  V  O  C  B  W
V  P  T  C  S  I  L  C  M  O  N  E  T  Æ
I  V  J  O  C  T  I  L  U  Z  S  V  D  Y
A  E  C  C  E  I  Q  V  A  S  E  I  P  N
T  V  A  A  S  N  U  K  U  X  Q  V  N  H
O  R  V  R  S  E  A  M  N  G  U  A  E  R
R  V  A  T  U  R  M  C  U  J  A  M  L  L
X  B  V  M  M  A  J  T  W  S  T  U  L  X
K  O  U  M  B  R  E  L  L  A  E  S  V  W
E  X  P  E  D  I  T  I  O  N  E  U  C  K
K  N  V  I  D  U  L  U  S  T  K  H  M  L
O  I  K  N  R  M  A  N  T  I  C  A  L  J
C  O  N  S  U  E  T  U  D  I  N  E  S  C
```

DISCESSUM   UMBRELLA
CAR   ITINERARIUM
CONSEQUAT   MANTICA
EXPEDITIONE   LACUS
ALIQUAM   TRAM
VIVAMUS   VIATOR
VIDULUS   MONETÆ
MUSEUM   CONSUETUDINES

75 - Kunst Liefert

```
K  C  M  F  Q  C  D  P  W  L  N  C  C  C
E  H  H  K  X  M  O  E  G  C  Y  A  A  A
L  A  A  F  B  W  N  R  L  X  Q  T  T  R
Y  R  C  V  S  X  E  T  O  E  G  H  R  B
T  T  G  P  C  J  C  E  S  D  O  E  A  O
P  A  S  U  T  K  A  R  S  Y  T  D  M  N
P  E  N  D  B  T  M  G  A  L  A  R  E  E
M  E  N  S  A  M  E  E  R  C  U  A  N  S
Z  C  D  I  R  D  R  T  I  O  G  T  T  J
J  I  J  V  C  Y  A  K  U  L  L  A  U  N
O  T  I  U  M  I  B  U  M  O  U  Q  M  M
X  O  L  E  U  M  L  Z  Q  R  T  U  Y  G
Y  X  F  N  S  M  Y  L  V  E  E  A  H  N
I  O  Z  V  S  B  C  F  I  S  N  C  V  O
```

DONEC	CHARTA
PENICILLI	DELEO
PERTERGET	OTIUM
COLORES	CATHEDRA
CARBONES	MENSAM
CAMERA	ATRAMENTUM
GLOSSARIUM	LUTUM
GLUTEN	AQUA
OLEUM	

76 - Tage und Monate

```
S D A O D M T C X O A S P O
E E L M O N D A Y U U A N K
P C I M M A R T I S G T O I
T E Q J I E R A N M U U V C
E M U A N X N O S N S R E A
M B A W I E R S B O T D M L
B E M V C C D K E W A A B E
E R U S A J A N U A R Y E N
R F H J D N K A J Q F J R D
M W J U L Y N K P O B T E A
A S T N J E X O N X V F A R
Z F W E D N E S D A Y I I W
V E N E R I S Z H I M C S O
F E B R U A R Y W F N B H N
```

AUGUST
DECEMBER
MARTIS
JOVIS
FEBRUARY
VENERIS
ANNO
JANUARY
JULY
JUNE

CALENDAR
WEDNESDAY
MENSE
MONDAY
NOVEMBER
ALIQUAM
SATURDAY
SEPTEMBER
DOMINICA

77 - Piraten

```
M Y K T D U Z H Z D B C V T
X U A L E G E N D I S A E H
A G V G C C O I N S J P X E
M S T O I X A G C J G T I S
Q T O S M A P S L H B A L A
N H Y V A C T N U A X I L U
P S I T T A C U S S D N U R
C F A H A N I Y B F G I M U
A U R U M T C A R P F Y U S
V D T I A A A X N R U M U M
E L H T L V T J L C U D G A
R B X I U I R Y D S H C D S
V O J L M T I C Z H G O M L
I N S U L A X B E A C H R Y
```

CASUS
ANCHOR
CANTAVIT
VEXILLUM
AURUM
CAVE
INSULA
CAPTAIN
MAP
DECIMA

LEGEND
COINS
CICATRIX
PSITTACUS
RUM
THESAURUS
MALUM
GLADIUM
BEACH

78 - Emotionen

```
T Z F I M I T O J G C G K L
E N S T I Z R T N L T V B N
N H U E S I A G A E A M O R
E P A C E M N R T E R U X P
R G A D R E Q A R S D O Y R
I A E I I T U T I Y Y I S D
T U X R C U I U S M G M U A
U D C E O S L M T P E G T M
D I I M R A L J I A Q V G L
I U T I D T I S T T H T C Y
N M A S I I T O I H L F G C
E P T S A S A I A I M K V V
M E U U M M S G R A U V N O
P K R M I R U M P A G W P D
```

METUS
EXCITATUR
ONEROSA
GRATUM
REMISSUM
GAUDIUM
MISERICORDIAM
PACEM
TAEDIUM

AMOR
TRANQUILLITAS
SYMPATHIA
TRISTITIA
MIRUM
IRA
TENERITUDINEM
SATIS

79 - Zu Füllen

```
B S I M B V R X F U A M U D
A L T V Y C D G A U T W M Z
L T X R M A A I S Q E R P W
J I B Q T R W N C F D U E Y
S N Y I I D O L I U M J O M
X R Y M R J L W C S H Y X Y
S I T U L A V O U C T T H Z
F V I D U L U S L A B R U M
O A A W S U E D U T I F U U
L S M S Y M M R S U Y L D M
D I D R E A U J Y B N I F A
E N A K F Q I E U E I O K V
R U I N V O L U C R U M H Q
P E R S C R I P T O R E M X
```

LABRUM	FASCICULUS
SITULA	TUBE
DOLIUM	VAS
UTREM	PERSCRIPTOREM
VIDULUS	SINU
CANISTRUM	INVOLUCRUM
FOLDER	VASE

80 - Surfen

```
F O R T I T U D O E R K B R
R C A D M L N I M X S Z Y K
R E M U S O D X K T R D P U
O A I E T A A J E R B A O P
D N C N F U W T V E A T P S
K U I E C A R A K M S H U T
E M O I L E A B A A P L L Y
R E E F R E P N A C U E A L
L A K B I F R T U S M T R E
R T L Q M W R I O C A A I F
U O R P W L P I T S B Z S Y
M M I E B H R B E A C H U P
S T O M A C H U M Y T C X L
F O R T I S S I M U S E S X
```

INCEPTOS   OCEANUM
ATHLETA   REMUS
POPULARIS   REEF
FORTISSIMUS   SPUMA
EXTREMA   FORTITUDO
CELERITATE   STYLE
STOMACHUM   BEACH
TURBAS   UNDA

81 - Kräuterkunde

```
S A P O R E M V I R I D I S
V P T O Y F U E Z O E C I C
G K B A S I L I U S E U W R
J O K M U U E O O M A L B O
Q U A L I T A S S A R I L C
I K F G U I S Q A R O N H U
F C S A S L K H L I M A O S
C N A M E E A Z L N A R R G
Y A J L Z N T P I U T Y T T
G V S E Z N I I U S I P U H
Q W R I W P L C M Z C T S Y
O R I G A N I L U U U C N M
A N E T H U M H V L M P H U
O L P E T R O S E L I N U M
```

AROMATICUM
BASILIUS
FLOS
ANETHUM
FAENICULI
HORTUS
SAPOREM
VIRIDIS
ALLIUM

CULINARY
CASIA
ORIGANI
PETROSELINUM
QUALITAS
ROSMARINUS
CROCUS
THYMUM
UTILE

82 - Tugenden #1

```
D  I  O  E  I  F  R  M  C  W  W  M  O  S
B  E  N  E  V  O  L  E  N  S  B  O  X  W
Q  I  C  P  R  A  C  T  I  C  A  D  Y  T
X  N  U  R  J  V  C  K  F  S  A  E  V  T
R  D  R  L  E  S  M  U  N  D  U  S  E  P
Z  E  I  N  F  T  W  D  H  U  P  T  N  B
B  P  O  U  F  B  O  N  U  M  I  U  U  C
G  E  S  L  I  B  E  R  A  L  I  S  S  N
J  N  U  P  C  O  N  F  I  D  I  T  T  S
C  D  S  H  I  I  R  A  C  U  N  D  U  S
E  E  I  N  E  T  B  H  W  C  M  D  S  U
R  N  W  I  N  T  E  L  L  I  G  E  N  S
T  S  F  I  S  A  P  I  E  N  S  T  B  B
A  R  T  I  S  N  P  A  T  I  E  N  S  O
```

MODESTUS	ARTIS
VENUSTUS	IRACUNDUS
EFFICIENS	CURIOSUS
DECRETORIUM	PRACTICA
PATIENS	MUNDUS
LIBERALIS	INDEPENDENS
BONUM	SAPIENS
BENEVOLENS	CERTA
INTELLIGENS	CONFIDIT

83 - Aktivitäten und Freizeit

```
I V X I C G A R D E N I N G
B O W L O O P U L V I N A R
C T X F N L B O X I N G D P
N G Q W S F H H A E P T L F
A M E T E S Y J L M I Y P O
T U T F Q D I G N I S S I M
A R D J U U H T S F C Q C B
N T I H A C L O I O A Y T A
T C A S T R A T B A N Y U S
E F Z D T V F B R B D R R E
S L C M W I S J Y I I G A B
N J G V Z A Q K P P C E I A
T R A V E L Q U E D R E S L
Z T W Y W H M E E U V E S L
```

PISCANDI	GOLF
BASEBALL	HOBBIES
ULTRICES	ES
BOXING	TRAVEL
CASTRA	NATANTES
AMET	CONSEQUAT
DIGNISSIM	TRISTIQUE
GARDENING	PULVINAR
PICTURA	

84 - Formen

```
S  K  B  P  R  I  S  M  A  L  Q  N  H  C
P  J  E  A  A  B  I  L  O  I  U  I  M  Y
H  I  F  R  H  N  V  Z  F  N  A  R  T  L
A  J  Y  T  O  K  G  C  K  E  D  E  X  I
E  A  O  E  U  B  R  U  C  A  R  C  H  N
R  K  R  D  E  Y  D  B  L  Z  A  T  P  D
A  H  A  C  L  D  S  U  Y  O  T  A  Y  R
C  L  S  V  L  M  W  S  Z  V  U  N  R  O
U  O  D  C  I  R  C  U  M  L  M  G  A  J
R  X  N  G  P  O  L  Y  G  O  N  U  M  N
V  V  R  I  S  O  V  A  L  X  V  L  I  U
A  I  B  V  I  N  G  U  C  J  D  U  D  G
T  R  I  A  N  G  U  L  U  M  U  M  I  D
J  Z  T  B  Y  C  I  R  C  U  L  U  S  X
```

ARC	OVAL
TRIANGULUM	POLYGONUM
ANGULO	PRISMA
ELLIPSI	PYRAMIDIS
ORAS	QUADRATUM
CONI	RECTANGULUM
CIRCULUS	CIRCUM
SPHAERA	PARTE
CURVA	CUBUS
LINEA	CYLINDRO

85 - Adjektive #2

```
N  S  Q  L  P  N  K  I  I  F  C  T  D  F
F  O  A  F  E  V  L  P  F  S  O  R  E  S
F  W  V  A  B  T  V  E  R  A  M  A  S  D
K  E  D  U  L  I  S  N  U  N  M  G  C  U
K  Z  O  D  M  Q  N  A  C  U  O  I  R  I
N  F  O  R  T  I  S  T  T  S  D  C  I  S
C  O  K  S  T  V  F  U  U  F  O  U  P  S
Y  R  B  I  D  M  A  R  O  N  T  S  T  U
K  O  E  I  U  H  P  A  S  O  R  R  I  P
N  D  S  A  L  S  A  L  A  W  E  U  V  E
A  M  E  T  T  I  G  I  N  O  V  A  E  R
V  Y  N  U  D  R  S  S  N  H  O  G  W  B
I  P  E  S  U  R  I  E  N  T  E  S  J  U
E  L  E  G  A  N  S  X  F  E  R  A  M  S
```

VERAM	CREATRIX
NOBILIS	NATURALIS
DESCRIPTIVE	NOVUM
TRAGICUS	DUIS
ELEGANS	FRUCTUOSA
EDULIS	SALSA
NOVA	FORTIS
SANUS	SUPERBUS
ESURIENTES	AMET
COMMODO	FERA

86 - Kleidung

```
T  C  I  N  G  U  L  U  M  F  W  C  T  L
P  A  J  A  M  A  S  N  O  Z  M  A  I  S
B  R  A  C  C  A  E  A  N  D  H  E  B  A
G  M  C  W  V  H  A  B  I  T  U  S  I  N
N  I  U  O  J  E  W  E  L  R  Y  T  A  D
O  L  V  X  A  C  S  Q  E  O  T  U  L  A
E  L  F  Y  H  T  H  A  T  T  U  S  I  L
J  A  C  K  E  T  I  L  G  Q  J  S  A  I
D  M  R  W  V  N  R  N  A  Z  C  E  E  A
X  U  S  W  E  A  T  E  R  M  M  T  D  M
N  U  L  L  A  N  E  C  W  N  Y  F  C  O
L  A  C  I  N  I  A  C  V  U  L  D  R  R
X  L  A  W  R  W  P  O  F  L  U  U  E  E
E  U  W  D  L  H  H  F  J  L  E  Z  X  M
```

ARMILLAM	COAT
BLOUSE	MORE
CINGULUM	SWEATER
MONILE	LACINIA
CAESTUS	SANDALIA
SHIRT	CHLAMYDEM
BRACCAE	PAJAMAS
HAT	JEWELRY
JACKET	NULLA NEC
HABITU	TIBIALIA

87 - Sommer

```
J  R  C  G  L  R  C  C  E  S  G  I  F  J
N  A  W  P  I  H  I  I  A  W  X  K  E  S
E  O  G  F  Z  O  B  D  H  R  R  Y  Y  H
B  T  A  U  K  R  U  D  U  X  X  U  L  S
Z  I  U  B  M  T  M  L  V  S  X  X  X  F
I  U  D  T  K  U  Q  N  Z  N  T  X  X  A
A  M  I  C  I  S  M  E  M  O  R  I  A  M
E  J  U  A  W  Z  W  R  M  H  Y  S  G  I
V  R  M  S  L  U  D  O  S  A  T  I  O  L
L  M  T  T  I  B  S  D  U  V  R  D  J  I
S  U  U  R  T  C  E  B  E  I  A  E  B  A
R  D  C  A  V  Z  A  A  Q  W  V  R  E  A
S  A  N  D  A  L  I  A  C  X  E  A  N  C
C  O  N  S  E  Q  U  A  T  H  L  S  E  S
```

CASTRA	MARE
MEMORIA	MUSICA
CIBUM	TRAVEL
FAMILIA	SANDALIA
OTIUM	LUDOS
GAUDIUM	SIDERA
AMICIS	BEACH
HORTUS	CONSEQUAT

88 - Farben

```
R  O  C  F  B  C  Y  Z  N  V  Q  C  S  B
W  H  L  M  V  K  W  T  S  I  W  A  R  Q
L  N  O  A  Y  K  K  H  B  R  G  E  E  N
A  A  G  N  A  L  B  U  S  I  C  R  D  S
P  I  N  K  C  T  P  Z  B  D  P  U  U  Q
B  P  U  R  P  U  R  E  O  I  U  L  N  M
V  R  P  X  R  F  S  Z  P  S  R  U  Q  N
D  T  O  R  G  P  T  F  B  C  P  S  Y  I
H  U  R  W  L  B  L  U  E  O  U  Q  M  R
O  D  T  W  N  M  P  C  D  C  R  B  K  X
G  R  E  Y  T  K  I  H  F  L  A  V  U  M
B  E  I  G  E  Q  M  S  J  W  X  A  P  I
E  U  C  H  Y  A  C  I  N  T  H  U  M  G
L  W  H  R  G  P  H  A  Q  E  O  L  G  B
```

CAERULUS	PURPURA
BEIGE	RHONCUS
BLUE	PURPUREO
BROWN	PINK
FUCHSIA	RED
FLAVUM	NIGRUM
GREY	HYACINTHUM
VIRIDIS	ALBUS

89 - Haus

```
L O C U S S H R E J Z S L S
A C A M I N O O H P S L I U
Q V F O C O T S R U B O B P
U E T H H Q F T X T D F R E
E S A H Y R P I N N U N A L
A T C U B I C U L U M S R L
R I R K F N A M B E Y G Y E
I B Y G T D Q O S E P E M C
A U Q A T T I C A X Y N U T
Y L B R L U C E R N A I R I
C U Y A V R P P D N R S U L
J M W G I M B E R B Q T M E
C T T E C T U M F A U A V M
S P E C U L U M M I E E T P
```

GENISTAE
LIBRARY
TECTUM
ATTICA
LAQUEARIA
IMBER
GARAGE
HORTUS
FOCO
VESTIBULUM

LUCERNA
SUPELLECTILEM
CUBICULUM
CAMINO
SPECULUM
OSTIUM
MURUM
SEPEM
LOCUS

90 - Bauernhof #1

```
P P C H I R C U M Y P Q T T
A U A O A G R O S E P E M F
O L N Q R Y E B O S Z Q U Z
N L I G U V L R L M A U Y E
Z U S U F A U M O L X U R K
Q M E L E S U S A Q U S C Z
S S O D L T S C P T E R R A
Y A B O I E S Q I V N B D W
R I C E S R Y F S I G G V P
H O H E F C N I Q T K U N A
S N I Q I O Z A E U R L I D
M P C A G R I C U L T U R A
X G Y Y U A S I N U S L V X
A I Y S U T Y C D M B L N P
```

APIS   FELIS
SOLO   CORVUS
STERCORAT   BOS
ASINUS   TERRA
AGRO   AGRICULTURA
HAY   EQUUS
MEL   RICE
PULLUM   AQUA
CANIS   SEPEM
VITULUM   HIRCUM

91 - Berufe #1

```
C A R T O G R A P H E R P N
V E N A T O R T N K R E L U
T J A R T I F E X L R E U T
G E R A E D A O M K L U M R
Q W D O L J M Q O T N A B I
V E T E R I N A R I U S A X
X L T G J H P M N X P T R M
P E H H K C M I Z R O R I E
I R C J E X W U Q J K O U D
L E G A T U S G S W E L S I
G E O L O G I S T I I O R C
M E C H A N I C U S C G T U
E A T T O R N A T U M U Z S
S A L T A T O R A F B S S R
```

MEDICUS	NUTRIX
ASTROLOGUS	ARTIFEX
REMI	MECHANICUS
LEGATUS	MUSICUS
GEOLOGIST	THE
VENATOR	ATTORNATUM
JEWELER	SALTATOR
CARTOGRAPHER	VETERINARIUS
PLUMBARIUS	RAEDA

92 - Adjektive #1

```
R I A R O M A T I C U M L P
I N I B H B O D A N L T F E
I N G E N S R D W E Y F T R
T O F P P G W T E O P J E F
P C V U W K C A A R O U N E
R E A L E N C R D L N J U C
E N M C T A W D V F T M I T
T S E H A I E U Y T X U S U
I M T R C M D S Q C M H M M
O Y E A T D B E A T U S F P
S Q H U I F W W M R X X H O
U G R A V I S M A X I M U S
M M H X A R T I S F O I Q S
A B S O L U T A K L H C L G
```

ABSOLUTA
ACTIVA
AROMATICUM
NIBH
TENUIS
AMET
BEATUS
IDEM
ARTIS
TARDUS

MODERN
PERFECTUM
INGENS
PULCHRA
GRAVIS
ALTUM
INNOCENS
PRETIOSUM
MAXIMUS

93 - Mathematik

```
F  T  Q  J  P  O  L  Y  G  O  N  U  M  N
A  R  R  U  W  W  V  J  D  S  S  P  N  U
R  N  A  I  A  N  N  N  I  U  P  R  L  L
I  D  N  C  A  D  W  F  A  M  H  A  W  E
T  V  G  A  T  N  R  B  M  M  A  E  R  G
H  K  U  K  O  I  G  A  J  A  E  D  A  E
M  F  L  A  X  M  O  U  T  L  R  I  D  O
E  D  I  V  I  S  I  O  L  U  A  T  I  M
T  E  X  P  O  N  E  N  T  U  M  I  U  E
I  D  E  C  I  M  A  L  E  S  M  S  S  T
C  R  E  C  T  A  N  G  U  L  U  M  O  R
A  M  X  A  E  Q  U  A  T  I  O  D  H  I
G  T  C  A  P  P  A  R  A  L  L  E  L  A
P  E  R  I  M  E  T  E  R  N  N  P  D  G
```

ARITHMETICA   PARALLELA
FRACTIO   POLYGONUM
DECIMALES   QUADRATUM
DIVISIO   RADIUS
TRIANGULUM   RECTANGULUM
DIAM   SUMMA
EXPONENT   PRAEDITIS
GEOMETRIA   PERIMETER
AEQUATIO   ANGULI
SPHAERA

94 - Messungen

```
I  S  C  D  P  F  C  F  N  T  G  A  W  E
E  S  D  E  O  B  P  Y  K  U  N  L  O  B
J  A  R  C  N  Y  J  G  Z  G  Z  T  O  N
D  K  L  I  D  T  V  T  R  G  I  I  U  I
V  I  O  M  U  E  I  K  P  A  Y  T  T  K
K  L  N  A  S  L  P  M  B  L  M  U  P  M
I  O  G  L  B  A  R  E  E  I  X  D  E  I
L  M  I  E  C  T  O  T  G  T  Z  O  L  N
O  E  T  S  W  I  F  R  E  E  E  G  G  U
G  T  U  I  B  T  U  I  W  R  R  R  R  T
R  E  D  N  T  U  N  Z  Z  T  S  H  A  I
A  R  O  C  D  D  D  W  F  Q  O  B  D  S
M  N  F  H  R  O  U  N  C  I  A  M  U  T
M  A  S  S  A  D  M  L  D  Z  E  L  S  U
```

LATITUDO	LITER
BYTE	MASSA
DECIMALES	METRI
PONDUS	MINUTIS
GRADUS	PROFUNDUM
GRAM	TON
ALTITUDO	UNCIAM
KILOGRAM	CENTIMETER
KILOMETER	INCH
LONGITUDO	

95 - Schlösser

```
Q Y O Y D Y M N G K D B M F
I M P E R I U M O A D B E E
P P M U A C E I H B R O A U
R U R N C V Q Z Q O I M T D
I Z D I O M U R U M X L A A
N A Y C N N E Q U U S A I L
C R N O C C S C U T U M T S
I C A R O A I T U R R I S M
P E S N R T U P F W T N Y W
E J T I O A K S E K Y S F R
M M I S N P P A L A T I U M
T Y A Y A U R E G N U M Z C
Y F C Y M L G L A D I U M H
Q F M F R T D V A C W N R K
```

DRACO	EQUUS
DYNASTIA	PRINCIPE
NOBILIS	PRINCIPEM
UNICORNIS	IMPERIUM
ARCE	EQUES
FEUDAL	ARMA
CATAPULT	SCUTUM
REGNUM	GLADIUM
CORONAM	TURRIS
PALATIUM	MURUM

96 - Bauernhof #2

```
I  R  R  I  G  A  T  I  O  N  E  S  A  V
H  U  T  T  G  U  G  P  X  F  P  X  N  J
R  J  K  M  R  D  V  R  U  R  M  F  A  I
H  Z  I  P  E  A  D  A  I  U  M  W  T  Q
U  Q  F  D  P  T  E  T  G  C  M  Z  I  H
A  U  C  B  N  E  R  I  R  T  O  L  S  O
H  O  R  R  E  U  M  A  Q  U  G  L  N  R
F  T  T  O  M  D  A  U  C  S  Z  A  A  D
D  R  U  R  R  L  A  C  I  T  I  M  A  E
J  O  B  O  F  C  X  B  B  S  O  A  G  U
M  A  T  U  R  A  H  T  U  T  N  R  N  M
X  K  M  R  Q  S  T  A  M  L  W  W  U  T
A  N  I  M  A  L  I  A  R  K  M  E  S  L
T  R  I  T  I  C  U  M  D  D  O  V  E  S
```

AGRICOLA	ORCHARD
IRRIGATIONES	MATURA
ANATIS	OVES
CIBUM	HORREUM
FRUCTUS	ANIMALIA
HORDEUM	TRACTOR
LLAMA	TRITICUM
AGNUS	PRATI
LAC	

97 - Berufe #2

```
P H A R M A C O P O L A X I
D E N T I S T J K O D U E L
M E D I C U S U Y K C Z C L
I N Q U I S I T O R T H Z U
P G X M B M A G I S T E R S
R I F E I Z J Q Z D I E A T
E N C H O R T U L A N U S R
T E R T L M A A K M V R T R
I E H C O Z M D T T E S R A
U R O P G R J K Z E N I O T
M K Y L I N G U I S T H N O
I N V E S T I G A T O R A R
D G U F T Y W I S I R I U V
P H I L O S O P H U S G T S
```

MEDICUS
ASTRONAUT
BIOLOGIST
PHARMACOPOLA
INQUISITOR
INVENTOR
INVESTIGATOR
PRETIUM
HORTULANUS

ILLUSTRRATOR
ENGINEER
WISI
MAGISTER
LINGUIST
PICTOR
PHILOSOPHUS
DENTIST

98 - Freundlichkeit

```
I  R  X  T  Z  L  Q  G  W  O  L  O  M  H
N  V  E  R  U  M  W  W  E  H  I  E  Y  O
T  C  R  C  M  I  T  I  S  T  B  J  C  S
E  E  E  B  E  N  E  V  O  L  E  N  S  P
N  R  V  I  W  P  J  B  O  B  R  Z  F  I
D  T  E  H  O  Z  T  Y  F  G  A  M  E  T
E  A  R  I  D  B  G  I  Y  A  L  O  F  A
P  E  E  T  A  E  S  D  V  W  I  N  O  L
I  A  N  Q  D  A  L  V  J  A  S  D  W  E
M  F  T  D  B  T  A  M  I  C  A  B  P  M
A  S  I  I  H  U  T  M  M  O  J  Q  A  T
V  R  O  F  E  S  J  F  A  D  K  X  D  V
L  H  R  H  K  N  O  Q  G  R  K  R  T  U
H  C  F  C  F  B  S  H  G  R  E  L  N  Q
```

INTENDE	BEATUS
VERUM	LIBERALIS
AMET	BENEVOLENS
RECEPTIVA	AMARE
AMICA	REVERENTIOR
HOSPITALEM	MITIS
PATIENS	CERTA

99 - Erforschung

```
F  D  M  O  Q  C  A  D  I  S  C  E  R  E
E  E  K  W  D  A  N  I  M  A  L  I  A  W
I  H  R  N  Z  C  I  S  S  Q  X  R  L  F
G  B  V  A  W  T  M  T  W  J  E  P  J  C
N  M  E  O  G  I  U  A  R  L  X  A  T  K
O  L  S  X  D  O  S  N  C  U  L  T  U  S
T  Q  K  H  S  M  B  T  D  P  M  K  M  S
U  R  O  Q  L  L  K  H  L  N  P  U  U  P
M  D  A  D  S  X  F  N  I  Q  N  V  L  A
O  I  N  V  E  N  T  I  O  Z  C  A  T  T
S  W  L  U  E  V  Z  X  L  V  D  Z  U  I
Q  A  J  Z  A  L  L  I  N  G  U  A  S  U
O  G  E  J  V  E  Z  I  N  K  M  M  R  M
D  E  T  E  R  M  I  N  A  T  I  O  C  O
```

ACTIO	NOVUM
TUMULTUS	SPATIUM
INVENTIO	TRAVEL
DETERMINATIO	LINGUA
DISTANT	ANIMALIA
CULTUS	IGNOTUM
DISCERE	FERA
ANIMUS	

100 - Wetter

```
F A M A R C S F T S M D T T
Q U M A U R I S O I C E R E
M M L P O L A R R C A M O M
M P E G G V P T C E R P P
W P J Y U Z E B O I L C I E
R C R V M R N O R T I C C S
Q O T O N I T R U A J A A T
J W B K C D U Z Z T B L L A
T T S I A E S E T E S I A S
U Z I A E O L G N A C G Y P
R H C U L G I L H C E O P Z
B Z C A U R A X A Q O R P K
O S U P M P G D Z E A P I R
O B M N U B E S X A Q Y K S
```

AERIS   CALIGO
FULGUR   POLAR
AURA   MAURIS
TONITRUA   TEMPESTAS
SICCITATE   TORTOR
ICE   TURBO
CAELUM   SICCUM
PROCELLAE   TROPICAL
CAELI   VENTUS
ETESIA   NUBES

1 - Ozean

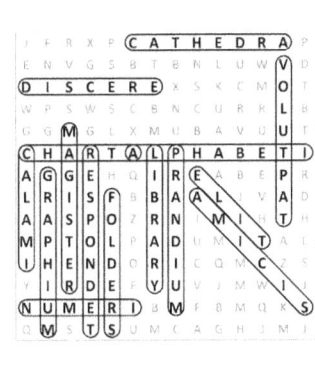

2 - Schule #1

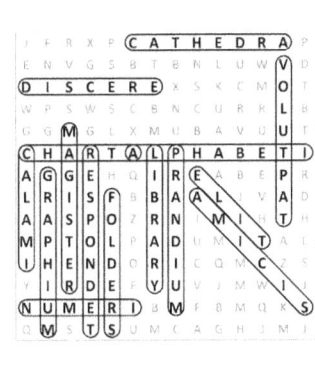

3 - Meditation

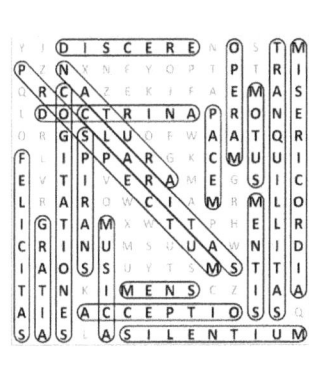

4 - Meisterschaft

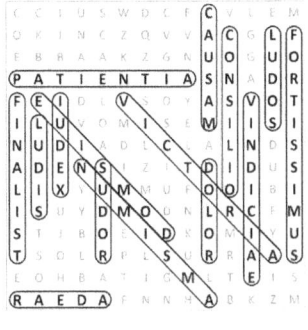

5 - Insekten

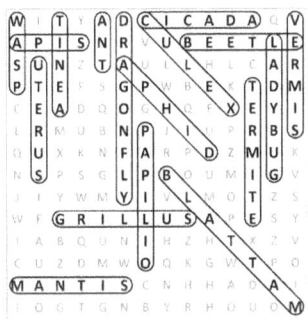

6 - Dinosaurier

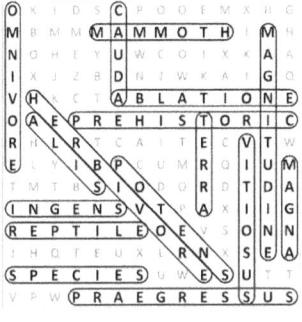

7 - Obst

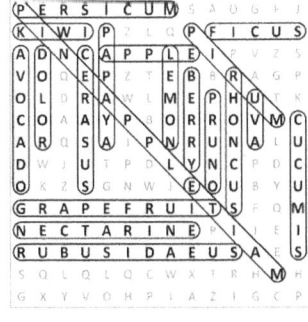

8 - Schule #2

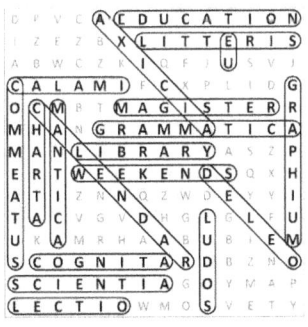

9 - Spielzeuge

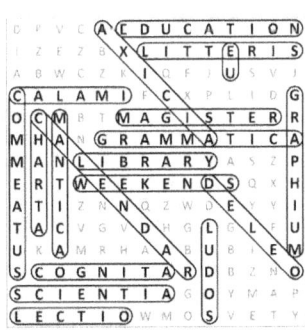

10 - Camping

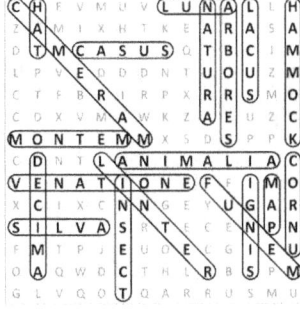

11 - Zeit

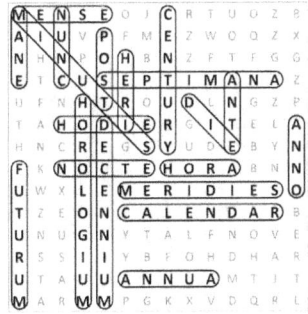

12 - Säugetiere

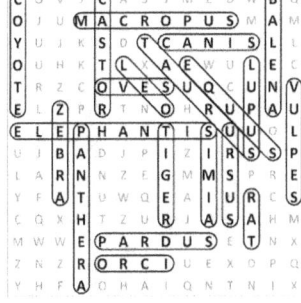

13 - Astronomie

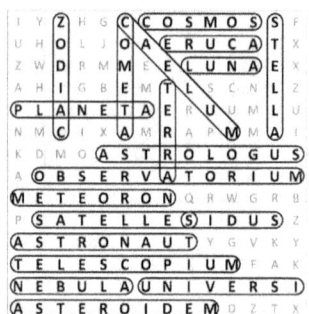

14 - Ballett

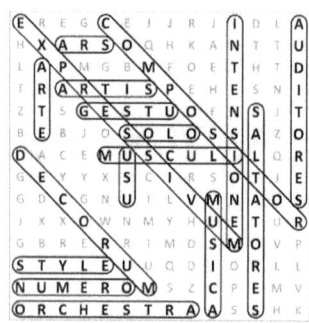

15 - Strand

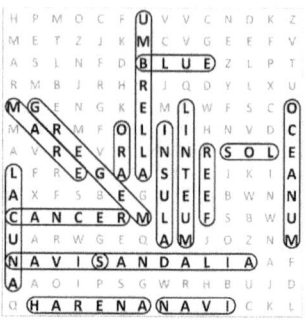

16 - Restaurant #1

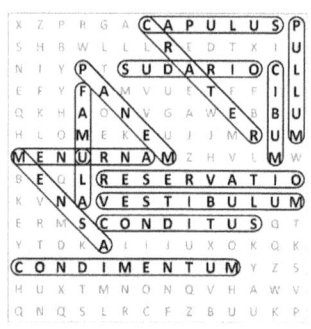

17 - Geologie

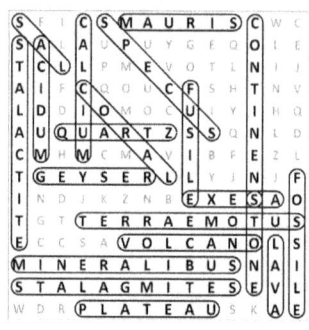

18 - Wissenschaft

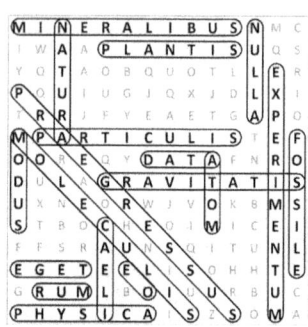

19 - Bildende Kunst

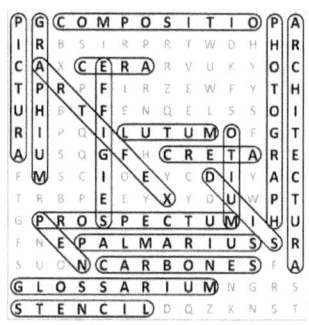

20 - Sport

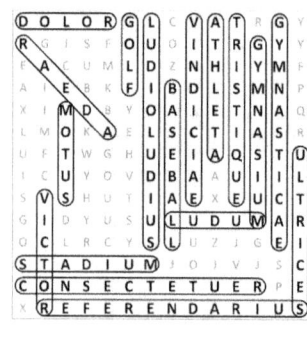

21 - Mythologie

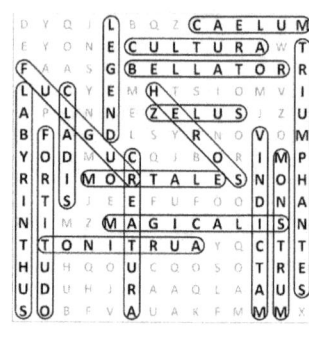

22 - Tools

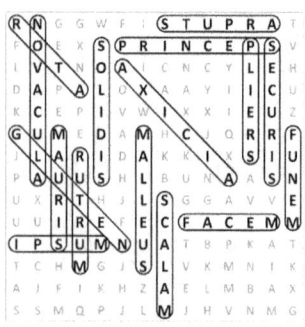

23 - Restaurant #2

24 - Ökologie

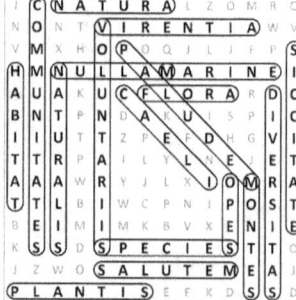

25 - Schokolade

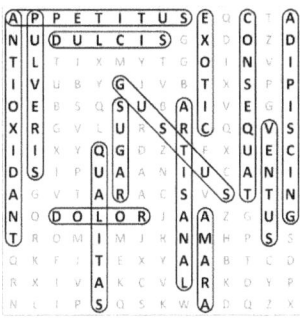

26 - Boote

27 - Stadt

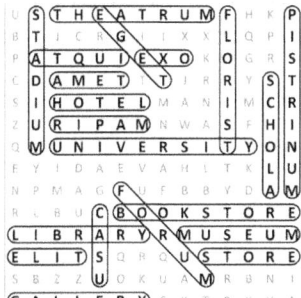

28 - Aktivitäten

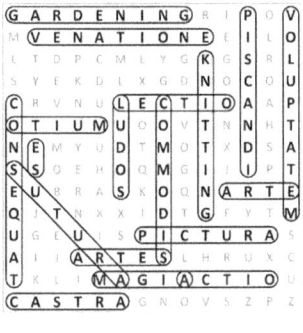

29 - Bienen

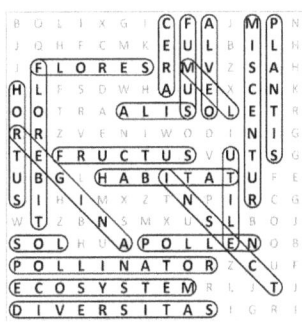

30 - Wissenschaftliche

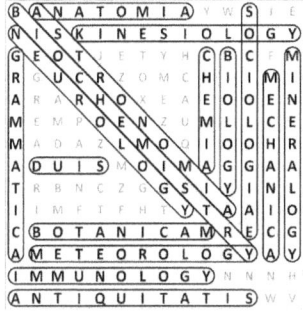

31 - Vögel

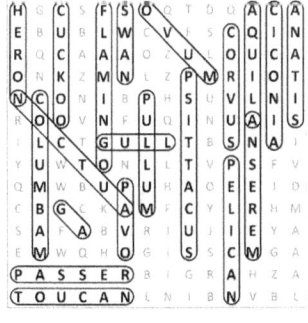

32 - Garten

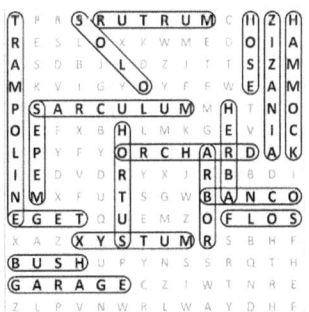

33 - Antarktis

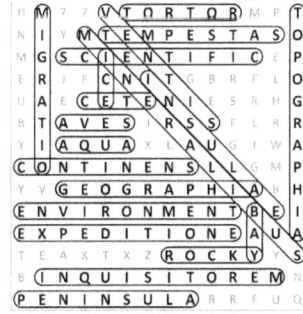

34 - Fahren

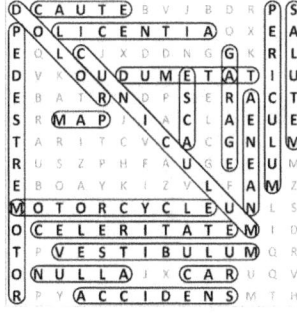

35 - Bücher

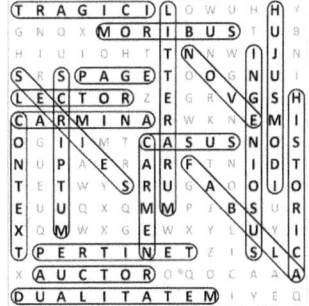

36 - Menschlicher Körper

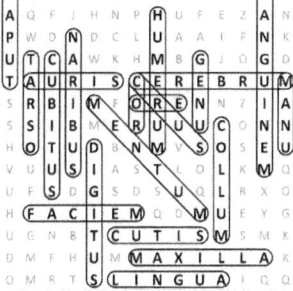

37 - Klettern

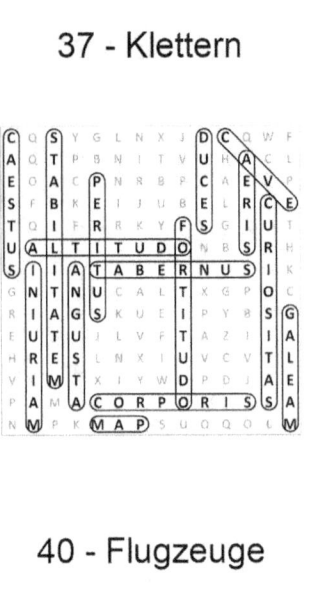

38 - Landschaften

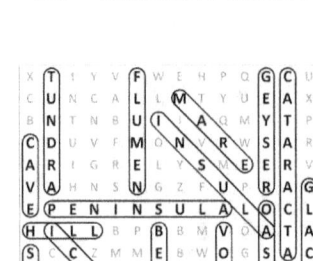

39 - Abenteuer

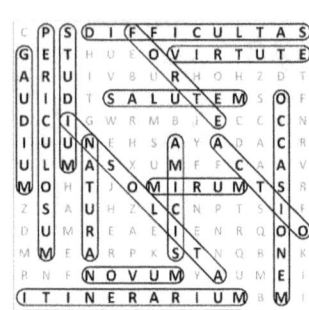

40 - Flugzeuge

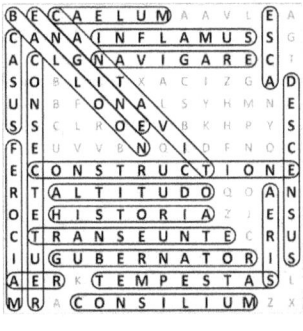

41 - Haartypen

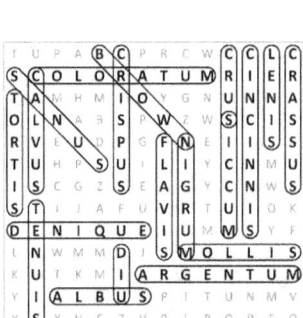

42 - Essen #1

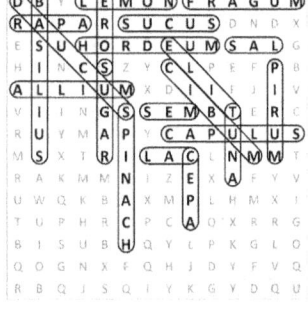

43 - Gebäude

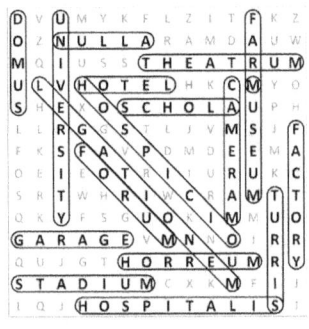

44 - Angeln

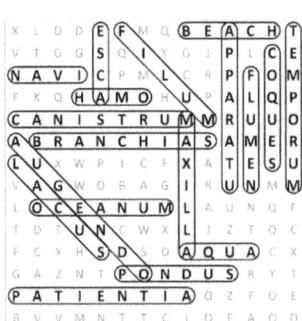

45 - Regenwald

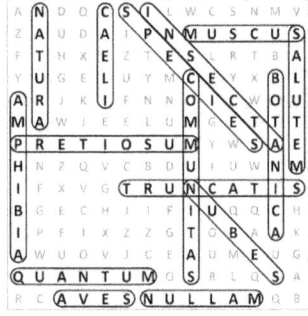

46 - Essen #2

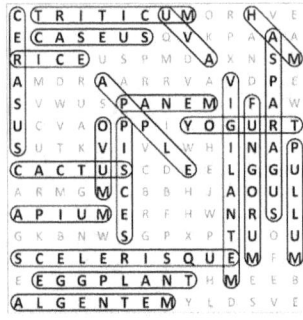

47 - Familie

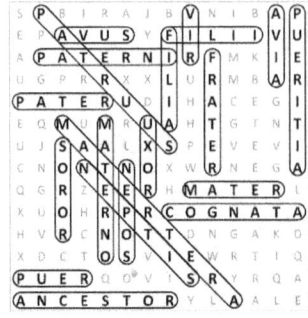

48 - Pflanzen

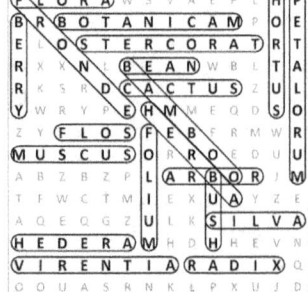

49 - Kunst

50 - Gewürze

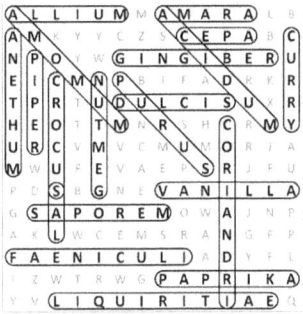

51 - Gemüse

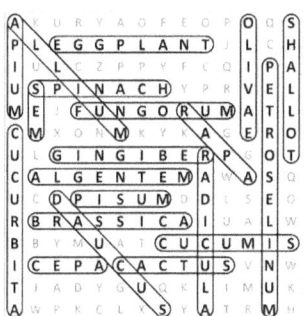

52 - Tanzen

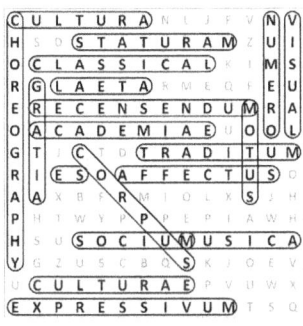

53 - Ernährung

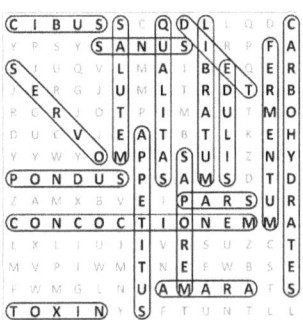

54 - Technologie

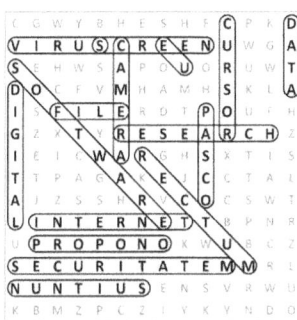

55 - Wasser

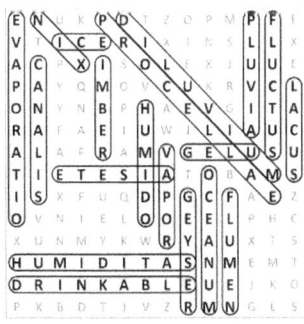

56 - Science Fiction

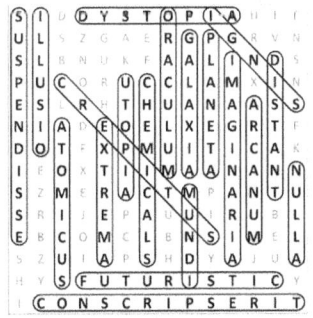

57 - Haustiere

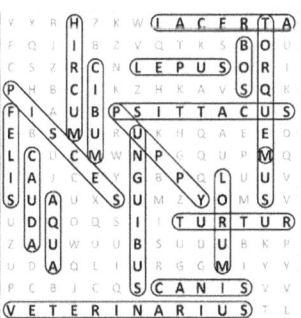

58 - Geburtstag

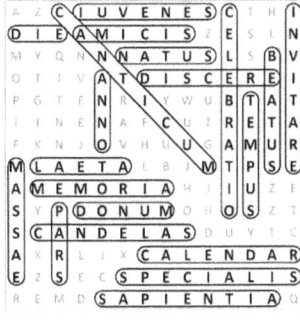

59 - Literatur

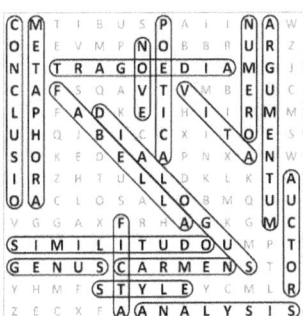

60 - Wandern

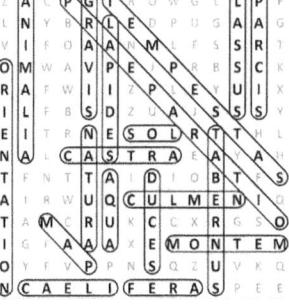

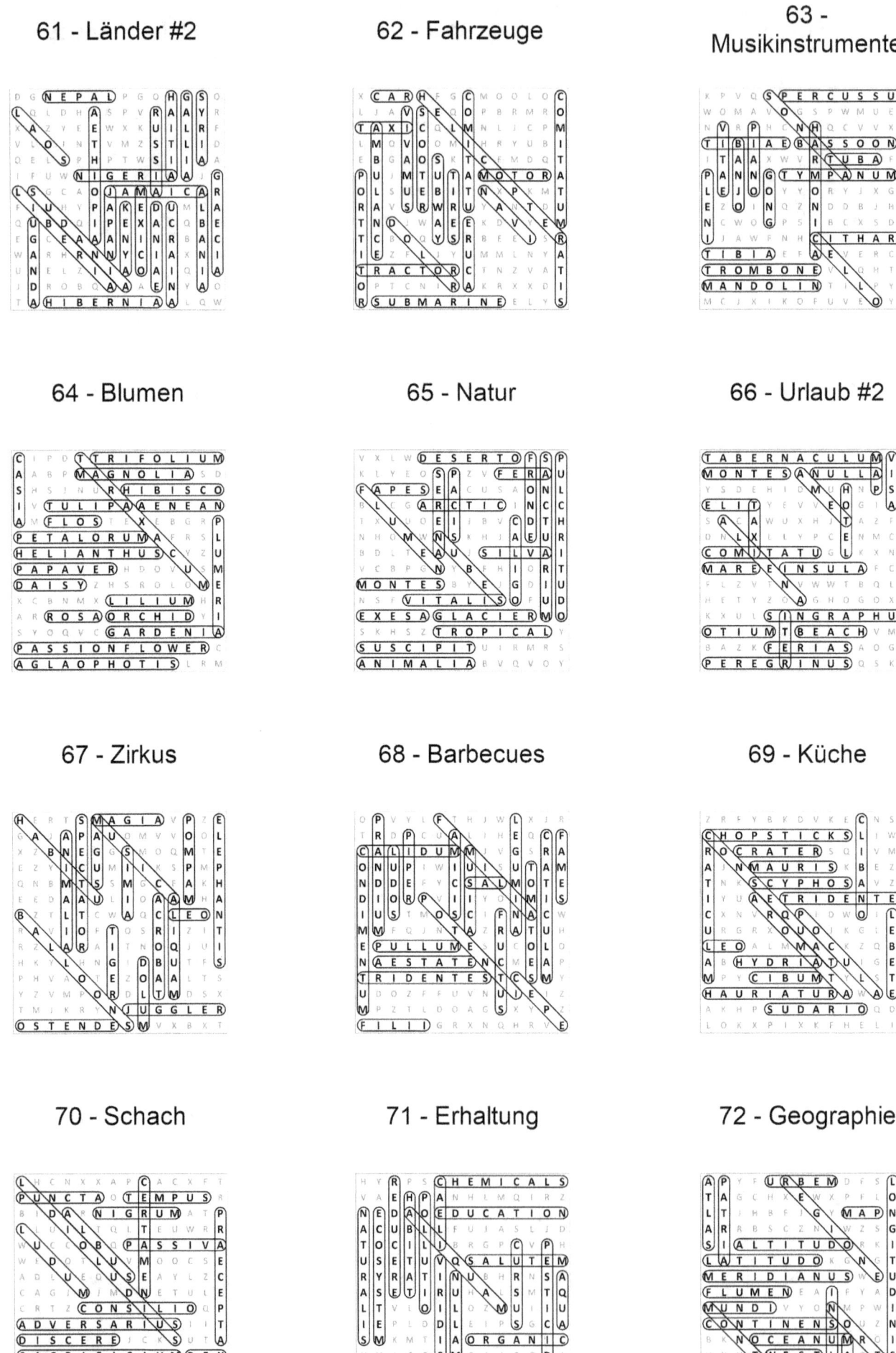

61 - Länder #2

62 - Fahrzeuge

63 - Musikinstrumente

64 - Blumen

65 - Natur

66 - Urlaub #2

67 - Zirkus

68 - Barbecues

69 - Küche

70 - Schach

71 - Erhaltung

72 - Geographie

73 - Zahlen

74 - Urlaub #1

75 - Kunst Liefert

76 - Tage und Monate

77 - Piraten

78 - Emotionen

79 - Zu Füllen

80 - Surfen

81 - Kräuterkunde

82 - Tugenden #1

83 - Aktivitäten und Freizeit

84 - Formen

85 - Adjektive #2

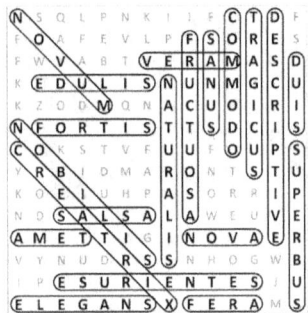

86 - Kleidung

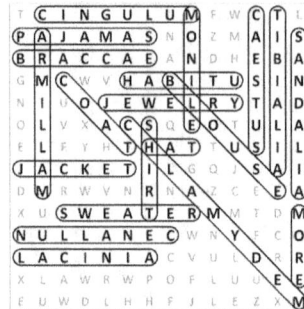

87 - Sommer

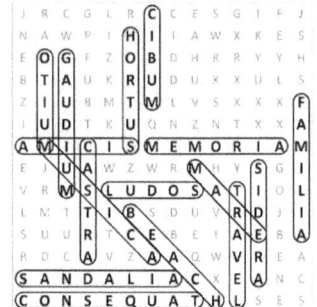

88 - Farben

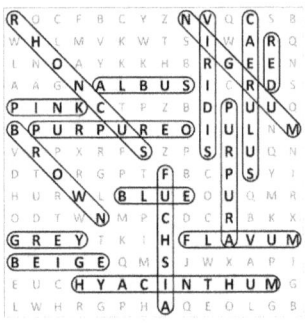

89 - Haus

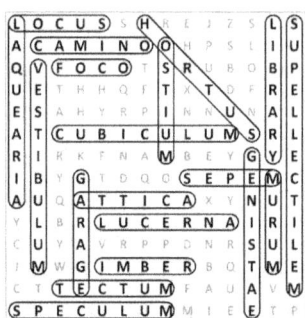

90 - Bauernhof #1

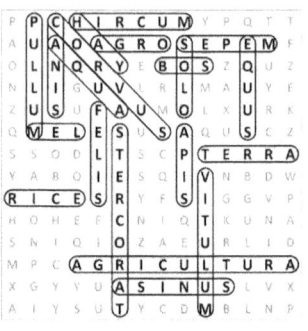

91 - Berufe #1

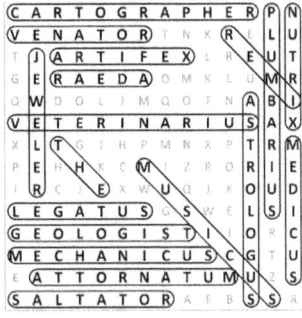

92 - Adjektive #1

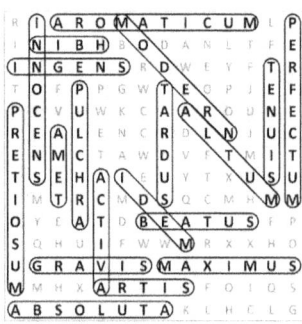

93 - Mathematik

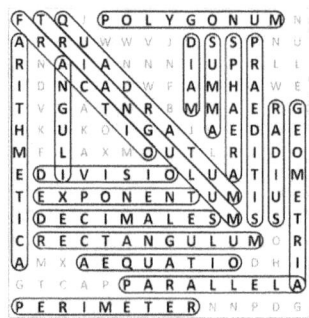

94 - Messungen

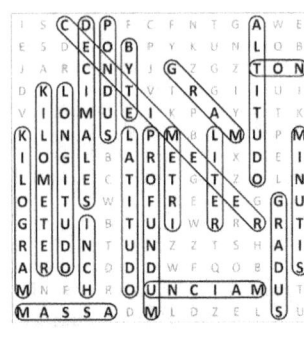

95 - Schlösser

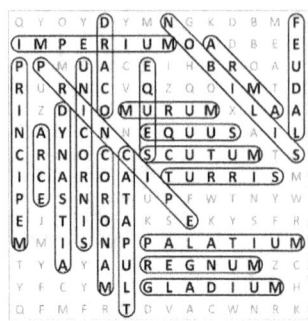

96 - Bauernhof #2

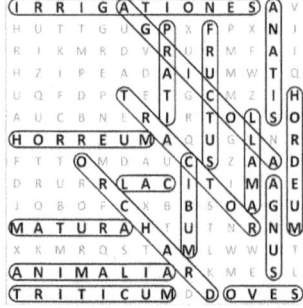

97 - Berufe #2

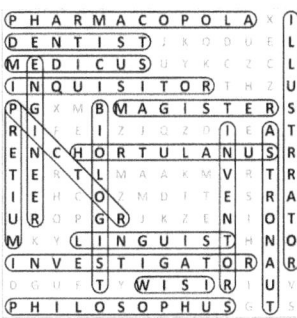

98 - Freundlichkeit

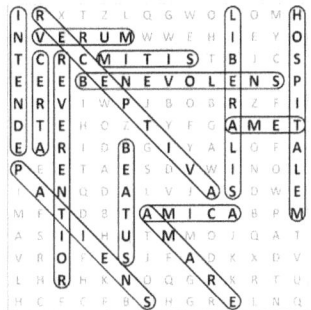

99 - Erforschung

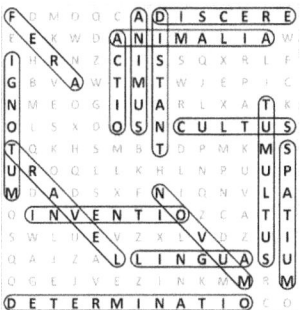

100 - Wetter

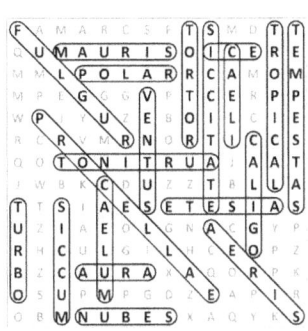

Wörterbuch

Abenteuer
Casus

Aktivität	Actio
Ausflug	Peregrinandum
Begeisterung	Studium
Chance	Forte
Freude	Gaudium
Freunde	Amicis
Gefährlich	Periculosum
Gelegenheit	Occasionem
Natur	Natura
Navigation	Navigationem
Neu	Novum
Route	Itinerarium
Schönheit	Pulchritudo
Schwierigkeit	Difficultas
Sicherheit	Salutem
Tapferkeit	Virtute
Ungewöhnlich	Insolita
Überraschend	Mirum
Vorbereitung	Praeparatio

Adjektive #1
Adiectiva #1

Absolut	Absoluta
Aktiv	Activa
Aromatisch	Aromaticum
Attraktiv	Nibh
Dunkel	Tenebris
Dünn	Tenuis
Ehrlich	Amet
Glücklich	Beatus
Identisch	Idem
Künstlerisch	Artis
Langsam	Tardus
Modern	Modern
Perfekt	Perfectum
Riesig	Ingens
Schön	Pulchra
Schwer	Gravis
Tief	Altum
Unschuldig	Innocens
Wertvoll	Pretiosum
Wichtig	Maximus

Adjektive #2
Adiectiva #2

Authentisch	Veram
Berühmt	Nobilis
Beschreibend	Descriptive
Dramatisch	Tragicus
Elegant	Elegans
Essbar	Edulis
Frisch	Nova
Gesund	Sanus
Hungrig	Esurientes
Interessant	Commodo
Kreativ	Creatrix
Natürlich	Naturalis
Neu	Novum
Normal	Duis
Produktiv	Fructuosa
Salzig	Salsa
Stark	Fortis
Stolz	Superbus
Verantwortlich	Amet
Wild	Fera

Aktivitäten
Operationes

Aktivität	Actio
Angeln	Piscandi
Camping	Castra
Fähigkeit	Arte
Fotografie	Consequat
Freizeit	Otium
Gartenarbeit	Gardening
Gemälde	Pictura
Interessen	Commodis
Jagd	Venatione
Kunst	Es
Kunsthandwerk	Artes
Lesen	Lectio
Magie	Magia
Nähen	Sutura
Spiele	Ludos
Stricken	Knitting
Vergnügen	Voluptatem

Aktivitäten und Freizeit
Operationes et Otium

Angeln	Piscandi
Baseball	Baseball
Basketball	Ultrices
Boxen	Boxing
Camping	Castra
Entspannend	Amet
Fussball	Dignissim
Gartenarbeit	Gardening
Gemälde	Pictura
Golf	Golf
Hobbies	Hobbies
Kunst	Es
Reise	Travel
Schwimmen	Natantes
Surfen	Superficies
Tauchen	Consequat
Tennis	Tristique
Volleyball	Pulvinar

Angeln
Piscandi

Ausrüstung	Apparatu
Boot	Navi
Draht	Filum
Fluss	Flumen
Geduld	Patientia
Gewicht	Pondus
Haken	Hamo
Jahreszeit	Temporum
Kiefer	Maxilla
Kiemen	Branchias
Kochen	Coques
Korb	Canistrum
Köder	Esca
Ozean	Oceanum
See	Lacus
Strand	Beach
Übertreibung	Augendo
Wasser	Aqua

Antarktis
Antarctica

Bucht	Bay
Eis	Ice
Expedition	Expeditione
Felsig	Rocky
Forscher	Inquisitorem
Geographie	Geographia
Halbinsel	Peninsula
Inseln	Insulae
Kontinent	Continens
Migration	Migratio
Mineralien	Mineralibus
Temperatur	Tortor
Topographie	Topographia
Umwelt	Environment
Vögel	Aves
Wale	Cete
Wasser	Aqua
Wetter	Tempestas
Wind	Ventis
Wissenschaftlich	Scientific

Astronomie
Astronomia

Asteroid	Asteroidem
Astronaut	Astronaut
Astronom	Astrologus
Erde	Terra
Himmel	Caelum
Komet	Cometa
Konstellation	Sidus
Kosmos	Cosmos
Meteor	Meteoron
Mond	Luna
Nebel	Nebula
Observatorium	Observatorium
Planet	Planeta
Rakete	Eruca
Satellit	Satelles
Stern	Stella
Supernova	Supernova
Teleskop	Telescopium
Tierkreis	Zodiac
Universum	Universi

Ballett
Talarium

Anmutig	Decorum
Ausdrucksvoll	Expressivum
Choreographie	Choreography
Fähigkeit	Arte
Geste	Gestu
Intensität	Intensionem
Komponist	Compositor
Künstlerisch	Artis
Musik	Musica
Muskel	Musculi
Orchester	Orchestra
Praxis	Usu
Probe	Recensendum
Publikum	Auditores
Rhythmus	Numero
Solo	Solo
Stil	Style
Tänzer	Saltatores
Technik	Ars

Barbecues
Barbecues

Abendessen	Prandium
Familie	Familia
Freunde	Amicis
Frucht	Fructus
Gabeln	Tridentes
Gemüse	Legumina
Grill	Craticulam
Heiss	Calidum
Huhn	Pullum
Hunger	Fames
Kinder	Filii
Musik	Musica
Pfeffer	Piper
Salate	Potenti
Salz	Sal
Sommer	Aestate
Sosse	Condimentum
Spiele	Ludos
Tomaten	Tomatoes
Zwiebeln	Cepe

Bauernhof #1
Farm #1

Biene	Apis
Boden	Solo
Dünger	Stercorat
Esel	Asinus
Feld	Agro
Heu	Hay
Honig	Mel
Huhn	Pullum
Hund	Canis
Kalb	Vitulum
Katze	Felis
Krähe	Corvus
Kuh	Bos
Land	Terra
Landwirtschaft	Agricultura
Pferd	Equus
Reis	Rice
Wasser	Aqua
Zaun	Sepem
Ziege	Hircum

Bauernhof #2
Farm #2

Bauer	Agricola
Bewässerung	Irrigationes
Ente	Anatis
Essen	Cibum
Frucht	Fructus
Gemüse	Vegetabilis
Gerste	Hordeum
Lama	Llama
Lamm	Agnus
Mais	Frumentum
Milch	Lac
Obstgarten	Orchard
Reif	Matura
Schaf	Oves
Scheune	Horreum
Tiere	Animalia
Traktor	Tractor
Weizen	Triticum
Wiese	Prati
Windmühle	Windmill

Berufe #1
Professionibus #1

Arzt	Medicus
Astronom	Astrologus
Bankier	Remi
Botschafter	Legatus
Buchhalter	Computantis
Geologe	Geologist
Jäger	Venator
Juwelier	Jeweler
Kartograph	Cartographer
Klempner	Plumbarius
Krankenschwester	Nutrix
Künstler	Artifex
Mechaniker	Mechanicus
Musiker	Musicus
Pianist	The
Psychologe	Psychologist
Rechtsanwalt	Attornatum
Tänzer	Saltator
Tierarzt	Veterinarius
Trainer	Raeda

Berufe #2
Professionibus #2

Arzt	Medicus
Astronaut	Astronaut
Biologe	Biologist
Chemiker	Pharmacopola
Detektiv	Inquisitor
Erfinder	Inventor
Ermittler	Investigator
Forscher	Inquisitorem
Fotograf	Pretium
Gärtner	Hortulanus
Illustrator	Illustrrator
Ingenieur	Engineer
Journalist	Wisi
Lehrer	Magister
Linguist	Linguist
Maler	Pictor
Philosoph	Philosophus
Pilot	Gubernator
Zahnarzt	Dentist
Zoologe	Zoologist

Bienen
Apes

Bestäuber	Pollinator
Bienenkorb	Alveo
Blumen	Flores
Blüte	Florebit
Flügel	Alis
Frucht	Fructus
Garten	Hortus
Honig	Mel
Insekt	Insect
Königin	Regina
Lebensraum	Habitat
Ökosystem	Ecosystem
Pflanzen	Plantis
Pollen	Pollen
Rauch	Fumus
Schwarm	Miscentur
Sonne	Sol
Vielfalt	Diversitas
Vorteilhaft	Utile
Wachs	Cera

Bildende Kunst
Artibus

Architektur	Architectura
Bleistift	Graphium
Film	Duis
Foto	Photograph
Gemälde	Pictura
Holzkohle	Carbones
Kreativität	Glossarium
Kreide	Creta
Künstler	Artifex
Meisterwerk	Palmarius
Perspektive	Prospectum
Porträt	Effigies
Schablone	Stencil
Staffelei	Otium
Stift	Pen
Ton	Lutum
Wachs	Cera
Zusammensetzung	Compositio

Blumen
Flores

Blütenblatt	Petalorum
Gardenie	Gardenia
Gänseblümchen	Daisy
Hibiskus	Hibisco
Jasmin	Aenean
Klee	Trifolium
Lavendel	Casia
Lilie	Lilium
Löwenzahn	Taraxacum
Magnolie	Magnolia
Mohn	Papaver
Orchidee	Orchid
Passionsblume	Passionflower
Pfingstrose	Aglaophotis
Plumeria	Plumeria
Rose	Rosa
Sonnenblume	Helianthus
Strauss	Flos
Tulpe	Tulipa

Boote
Navibus

Anker	Anchor
Boje	Sustineo
Crew	Cantavit
Dock	Gregem
Fähre	Porttitor
Floss	Ratis
Fluss	Flumen
Kajak	Kayak
Kanu	Linter
Meer	Mare
Motor	Engine
Nautisch	Nauticis
Ozean	Oceanum
See	Lacus
Seemann	Nauta
Segelboot	Navis
Seil	Funem
Tide	Aestus
Wellen	Fluctus
Yacht	Yacht

Bücher
Books

Abenteuer	Casus
Autor	Auctor
Charakter	Moribus
Dualität	Dualitatem
Erfinderisch	Ingeniosus
Gedicht	Carmen
Geschichte	Fabula
Geschrieben	Scriptum
Historisch	Historica
Humorvoll	Hujusmodi
Kollektion	Collectio
Kontext	Context
Leser	Lector
Literarisch	Litterarum
Poesie	Carmina
Relevant	Pertinet
Roman	Nove
Seite	Page
Serie	Series
Tragisch	Tragici

Camping
Castra

Abenteuer	Casus
Bäume	Arbores
Berg	Montem
Feuer	Ignis
Hängematte	Hammock
Hut	Hat
Insekt	Insect
Jagd	Venatione
Kabine	Cameram
Kanu	Linter
Karte	Map
Kompass	Decima
Laterne	Cornu
Mond	Luna
Natur	Natura
See	Lacus
Seil	Funem
Tiere	Animalia
Wald	Silva
Zelt	Tabernaculum

Dinosaurier
Dinosaurs

Allesfresser	Omnivore
Art	Species
Bösartig	Vitiosus
Enorm	Ingens
Erde	Terra
Evolution	Praegressus
Flügel	Alis
Gross	Magna
Grösse	Magnitudine
Leistungsstark	Potens
Mammut	Mammoth
Pflanzenfresser	Herbivore
Prähistorisch	Prehistoric
Reptil	Reptile
Schwanz	Cauda
Verschwinden	Ablatione

Emotionen
Affectus

Angst	Metus
Aufgeregt	Excitatur
Beschämt	Onerosa
Dankbar	Gratum
Entspannt	Remissum
Freude	Gaudium
Freundlichkeit	Misericordiam
Frieden	Pacem
Langeweile	Taedium
Liebe	Amor
Ruhig	Tranquillitas
Sympathie	Sympathia
Traurigkeit	Tristitia
Überraschen	Mirum
Wut	Ira
Zärtlichkeit	Teneritudinem
Zufrieden	Satis

Erforschung
Explorationem

Aktivität	Actio
Aufregung	Tumultus
Entdeckung	Inventio
Entschlossenheit	Determinatio
Fern	Distant
Kulturen	Cultus
Lernen	Discere
Mut	Animus
Neu	Novum
Raum	Spatium
Reise	Travel
Sprache	Lingua
Tiere	Animalia
Unbekannt	Ignotum
Wild	Fera

Erhaltung
Conservationem

Bildung	Education
Chemikalien	Chemicals
Gesundheit	Salutem
Grün	Viridis
Klima	Caeli
Lebensraum	Habitat
Nachhaltig	Nullam
Natürlich	Naturalis
Organisch	Organic
Ökosystem	Ecosystem
Pestizid	Pesticide
Reduzieren	Reducere
Umwelt	Aliquam
Verschmutzung	Pollutio
Wasser	Aqua
Zyklus	Cursus

Ernährung
Nutritionem

Appetit	Appetitus
Ausgewogen	Libratum
Bitter	Amara
Diät	Diet
Essbar	Edulis
Fermentation	Fermentum
Geschmack	Saporem
Gesund	Sanus
Gesundheit	Salutem
Gewicht	Pondus
Kalorien	Adipiscing
Kohlenhydrate	Carbohydrates
Nährstoff	Cibus
Portion	Pars
Proteine	Servo
Qualität	Qualitas
Sosse	Condimentum
Toxin	Toxin
Verdauung	Concoctionem
Vitamin	Vitaminum

Essen #1
Cibum #1

Basilikum	Basilius
Birne	Pirum
Erdbeere	Fragum
Erdnuss	Eros
Fleisch	Cibum
Gerste	Hordeum
Kaffee	Capulus
Karotte	Daucus
Knoblauch	Allium
Milch	Lac
Rübe	Rapa
Saft	Sucus
Salat	Sem
Salz	Sal
Spinat	Spinach
Suppe	Elit
Thunfisch	Tuna
Zitrone	Lemon
Zucker	Sugar
Zwiebel	Cepa

Essen #2
Cibum #2

Apfel	Apple
Artischocke	Cactus
Aubergine	Eggplant
Brokkoli	Algentem
Brot	Panem
Ei	Ovum
Fisch	Pisces
Huhn	Pullum
Joghurt	Yogurt
Käse	Caseus
Kirsche	Cerasus
Mandel	Vigilantem
Pilz	Fungorum
Reis	Rice
Schinken	Ham
Schokolade	Scelerisque
Sellerie	Apium
Spargel	Asparagus
Traube	Uva
Weizen	Triticum

Fahren
Pulsis

Auto	Car
Bremsen	Dumeta
Brennstoff	Esca
Fussgänger	Pedestrem
Garage	Garage
Gas	Vestibulum
Gefahr	Periculum
Geschwindigkeit	Celeritate
Karte	Map
Lizenz	Licentia
Lkw	Dolor
Motor	Motor
Motorrad	Motorcycle
Polizei	At
Sicherheit	Salutem
Transport	Nulla
Tunnel	Cuniculum
Unfall	Accidens
Verkehr	Aenean
Vorsicht	Caute

Fahrzeuge
Vehicula

Auto	Car
Boot	Navi
Fähre	Porttitor
Floss	Ratis
Flugzeug	Vivamus
Hubschrauber	Helicopter
Krankenwagen	Ambulance
Lkw	Dolor
Motor	Motor
Rakete	Eruca
Reifen	Tires
Roller	Scooter
Taxi	Taxi
Traktor	Tractor
U-Bahn	Subway
U-Boot	Submarine
Wohnwagen	Comitatum
Zug	Comitatu

Familie
Familia

Bruder	Frater
Ehefrau	Uxor
Ehemann	Vir
Grossmutter	Avia
Grossvater	Avus
Kind	Puer
Kinder	Filii
Kindheit	Pueritia
Mutter	Mater
Mütterlich	Materno
Neffe	Nepos
Nichte	Neptis
Onkel	Patruus
Schwester	Soror
Tante	Matertera
Tochter	Filia
Vater	Pater
Väterlich	Paterni
Vetter	Cognata
Vorfahr	Ancestor

Farben
Colores

Azurblau	Caerulus
Beige	Beige
Blau	Blue
Braun	Brown
Fuchsie	Fuchsia
Gelb	Flavum
Grau	Grey
Grün	Viridis
Lila	Purpura
Orange	Rhoncus
Purpur	Purpureo
Rosa	Pink
Rot	Red
Schwarz	Nigrum
Violett	Hyacinthum
Weiss	Albus

Flugzeuge
Airplanes

Abenteuer	Casus
Abstieg	Descensus
Atmosphäre	Aeris
Aufblasen	Inflamus
Ballon	Balloon
Brennstoff	Esca
Crew	Cantavit
Design	Consilium
Geschichte	Historia
Himmel	Caelum
Höhe	Altitudo
Konstruktion	Constructione
Luft	Aer
Motor	Engine
Navigieren	Navigare
Passagier	Transeunte
Pilot	Gubernator
Turbulenz	Ferociam
Wasserstoff	Consectetuer
Wetter	Tempestas

Formen
Figuris

Bogen	Arc
Dreieck	Triangulum
Ecke	Angulo
Ellipse	Ellipsi
Kanten	Oras
Kegel	Coni
Kreis	Circulus
Kugel	Sphaera
Kurve	Curva
Linie	Linea
Oval	Oval
Polygon	Polygonum
Prisma	Prisma
Pyramide	Pyramidis
Quadrat	Quadratum
Rechteck	Rectangulum
Rund	Circum
Seite	Parte
Würfel	Cubus
Zylinder	Cylindro

Freundlichkeit
Misericordiam

Aufmerksam	Intende
Echt	Verum
Ehrlich	Amet
Empfänglich	Receptiva
Freundlich	Amica
Gastfreundlich	Hospitalem
Geduldig	Patiens
Glücklich	Beatus
Grosszügig	Liberalis
Hilfreich	Benevolens
Liebevoll	Amare
Respektvoll	Reverentior
Sanft	Mitis
Verständnis	Intellectus
Zuverlässig	Certa

Garten
Hortus

Bank	Banco
Baum	Arbor
Blume	Flos
Boden	Solo
Busch	Bush
Garage	Garage
Garten	Hortus
Gras	Herba
Hängematte	Hammock
Obstgarten	Orchard
Rechen	Sarculum
Schaufel	Rutrum
Schlauch	Hose
Teich	Eget
Terrasse	Xystum
Trampolin	Trampoline
Unkraut	Zizania
Zaun	Sepem

Gebäude
Aedificia

Bauernhof	Farm
Botschaft	Legationem
Fabrik	Factory
Garage	Garage
Haus	Domus
Herberge	Hospicio
Hotel	Hotel
Kabine	Cameram
Krankenhaus	Hospitalis
Labor	Nulla
Museum	Museum
Observatorium	Observatorium
Scheune	Horreum
Schule	Schola
Stadion	Stadium
Supermarkt	Forum
Theater	Theatrum
Turm	Turris
Universität	University
Zelt	Tabernaculum

Geburtstag
Natalis

Einladungen	Invitare
Erinnerungen	Memoria
Feier	Celebratio
Freudig	Laeta
Freunde	Amicis
Geboren	Natus
Geschenk	Donum
Glücklich	Beatus
Jahr	Anno
Jung	Iuvenes
Kalender	Calendar
Kerzen	Candelas
Kuchen	Massae
Lernen	Discere
Lied	Canticum
Partei	Pars
Spezial	Specialis
Tag	Die
Weisheit	Sapientia
Zeit	Tempus

Gemüse
Legumina

Artischocke	Cactus
Aubergine	Eggplant
Blumenkohl	Brassica
Brokkoli	Algentem
Erbse	Pisum
Gurke	Cucumis
Ingwer	Gingiber
Karotte	Daucus
Knoblauch	Allium
Kürbis	Cucurbita
Olive	Olivae
Petersilie	Petroselinum
Pilz	Fungorum
Rettich	Radicula
Rübe	Rapa
Salat	Sem
Schalotte	Shallot
Sellerie	Apium
Spinat	Spinach
Zwiebel	Cepa

Geographie
Geographia

Atlas	Atlas
Berg	Montem
Breite	Latitudo
Fluss	Flumen
Gebiet	Territorio
Hemisphäre	Hemisphaerio
Höhe	Altitudo
Insel	Insula
Karte	Map
Kontinent	Continens
Land	Patria
Längengrad	Longitudinis
Meer	Mare
Meridian	Meridianus
Norden	North
Ozean	Oceanum
Region	Regione
Stadt	Urbem
Welt	Mundi
West	West

Geologie
Nederlandicae

Erdbeben	Terraemotus
Erosion	Exesa
Fossil	Fossile
Geschmolzen	Fusile
Geysir	Geyser
Höhle	Specus
Kalzium	Calcium
Kontinent	Continens
Koralle	Coral
Lava	Lava
Mineralien	Mineralibus
Plateau	Plateau
Quarz	Quartz
Salz	Sal
Säure	Acidum
Stalagmiten	Stalagmites
Stalaktit	Stalactite
Stein	Stone
Vulkan	Volcano
Zone	Mauris

Gewürze
Aromata

Anis	Anethum
Bitter	Amara
Chili	Purus
Curry	Curry
Fenchel	Faeniculi
Geschmack	Saporem
Ingwer	Gingiber
Kardamom	Amomum
Knoblauch	Allium
Koriander	Coriandri
Lakritze	Liquiritiae
Muskatnuss	Nutmeg
Paprika	Paprika
Pfeffer	Piper
Safran	Crocus
Salz	Sal
Sauer	Acidum
Süss	Dulcis
Vanille	Vanilla
Zwiebel	Cepa

Haartypen
Genera Capillos

Blond	Flavis
Braun	Brown
Dick	Crassus
Dünn	Tenuis
Farbig	Coloratum
Geflochten	Tortis
Gesund	Sanus
Glatt	Lenis
Glänzend	Crus
Grau	Gray
Kahl	Calvus
Kurz	Denique
Lang	Diu
Locken	Cincinnis
Lockig	Crispus
Schwarz	Nigrum
Silber	Argentum
Trocken	Siccum
Weich	Mollis
Weiss	Albus

Haus
Domus

Besen	Genistae
Bibliothek	Library
Dach	Tectum
Dachboden	Attica
Decke	Laquearia
Dusche	Imber
Fenster	Fenestra
Garage	Garage
Garten	Hortus
Kamin	Foco
Küche	Vestibulum
Lampe	Lucerna
Möbel	Supellectilem
Schlafzimmer	Cubiculum
Schornstein	Camino
Spiegel	Speculum
Tür	Ostium
Wand	Murum
Zaun	Sepem
Zimmer	Locus

Haustiere
Pets

Eidechse	Lacerta
Essen	Cibum
Fisch	Pisces
Hase	Lepus
Hund	Canis
Katze	Felis
Kragen	Torquem
Krallen	Unguibus
Kuh	Bos
Leine	Lorum
Maus	Mus
Papagei	Psittacus
Schildkröte	Turtur
Schwanz	Cauda
Tierarzt	Veterinarius
Wasser	Aqua
Welpe	Puppy
Ziege	Hircum

Insekten
Insecta

Ameise	Ant
Biene	Apis
Blattlaus	Aphid
Gottesanbeterin	Mantis
Heuschrecke	Grillus
Kakerlake	Blattam
Käfer	Beetle
Larve	Uterus
Libelle	Dragonfly
Marienkäfer	Ladybug
Motte	Tinea
Mücke	Culex
Schmetterling	Papilio
Termite	Termite
Wespe	Wasp
Wurm	Vermis
Zikade	Cicada

Kleidung
Vestimenta

Armband	Armillam
Bluse	Blouse
Gürtel	Cingulum
Halskette	Monile
Handschuhe	Caestus
Hemd	Shirt
Hose	Braccae
Hut	Hat
Jacke	Jacket
Kleid	Habitu
Mantel	Coat
Mode	More
Pullover	Sweater
Rock	Lacinia
Sandalen	Sandalia
Schal	Chlamydem
Schlafanzug	Pajamas
Schmuck	Jewelry
Schuh	Nulla Nec
Socken	Tibialia

Klettern
Scandere

Atmosphäre	Aeris
Ausbildung	Disciplina
Experte	Peritus
Führer	Duces
Handschuhe	Caestus
Helm	Galeam
Höhe	Altitudo
Höhle	Cave
Karte	Map
Neugier	Curiositas
Physisch	Corporis
Schmal	Angusta
Stabilität	Stabilitatem
Stärke	Fortitudo
Stiefel	Tabernus
Verletzung	Iniuriam

Kräuterkunde
Herbalism

Aromatisch	Aromaticum
Basilikum	Basilius
Blume	Flos
Dill	Anethum
Estragon	Tarragon
Fenchel	Faeniculi
Garten	Hortus
Geschmack	Saporem
Grün	Viridis
Knoblauch	Allium
Kulinarisch	Culinary
Lavendel	Casia
Majoran	Origani
Petersilie	Petroselinum
Qualität	Qualitas
Rosmarin	Rosmarinus
Safran	Crocus
Thymian	Thymum
Vorteilhaft	Utile
Zutat	Ingrediens

Kunst
Es

Ausdruck	Expressio
Ehrlich	Amet
Gegenstand	Subiectum
Gemälde	Picturae
Inspiriert	Inspirati
Keramik	Tellus
Komplex	Complexu
Original	Original
Persönlich	Alio
Poesie	Carmina
Porträtieren	Pertrahe
Stimmung	Mood
Surrealismus	Surrealism
Symbol	Signum
Visuell	Visual
Zusammensetzung	Compositio

Kunst Liefert
Artis Commeatibus

Acryl	Donec
Bleistifte	Penicilli
Bürsten	Perterget
Farben	Colores
Holzkohle	Carbones
Kamera	Camera
Kreativität	Glossarium
Leim	Gluten
Öl	Oleum
Papier	Charta
Radiergummi	Deleo
Staffelei	Otium
Stuhl	Cathedra
Tabelle	Mensam
Tinte	Atramentum
Ton	Lutum
Wasser	Aqua

Küche
Vestibulum

Essen	Cibum
Essstäbchen	Chopsticks
Gabeln	Tridentes
Gefrierschrank	Mauris
Gewürze	Aromata
Grill	Craticulam
Kelle	Hauriatur
Krug	Hydria
Kühlschrank	Leo
Löffel	Scyphos
Ofen	Clibano
Rezept	Consequat
Schüssel	Crater
Schwamm	Spongia
Serviette	Sudario
Tassen	Pocula
Wasserkocher	Lebete

Landschaften
Donec

Berg	Montem
Eisberg	Iceberg
Fluss	Flumen
Geysir	Geyser
Gletscher	Glacier
Golf	Sinum
Halbinsel	Peninsula
Höhle	Cave
Hügel	Hill
Insel	Insula
Meer	Mare
Oase	Oasis
See	Lacus
Strand	Beach
Sumpf	Palus
Tal	Convallis
Tundra	Tundra
Vulkan	Volcano
Wasserfall	Cataracta
Wüste	Deserto

Länder #2
Regionibus #2

Albanien	Albania
Äthiopien	Aethiopia
Dänemark	Daniae
Frankreich	Gallia
Griechenland	Graecia
Haiti	Haitia
Irland	Hibernia
Jamaika	Jamaica
Japan	Japan
Kenia	Kenya
Laos	Laos
Liberia	Liberia
Mexiko	Mexico
Nepal	Nepal
Nigeria	Nigeria
Russland	Russia
Sudan	Sudania
Syrien	Syria
Uganda	Uganda
Ukraine	Ucraina

Literatur
Litteris

Analogie	Similitudo
Analyse	Analysis
Anekdote	Fabella
Autor	Auctor
Beschreibung	Description
Biographie	Vita
Dialog	Dialogus
Fiktion	Ficta
Gedicht	Carmen
Genre	Genus
Metapher	Metaphora
Poetisch	Poetica
Reim	Concordare
Rhythmus	Numero
Roman	Nove
Schlussfolgerung	Conclusio
Stil	Style
Thema	Argumentum
Tragödie	Tragoedia
Vergleich	Comparatione

Mathematik
Math

Arithmetik	Arithmetica
Bruchteil	Fractio
Dezimal	Decimales
Division	Divisio
Dreieck	Triangulum
Durchmesser	Diam
Exponent	Exponent
Geometrie	Geometria
Gleichung	Aequatio
Kugel	Sphaera
Parallel	Parallela
Polygon	Polygonum
Quadrat	Quadratum
Radius	Radius
Rechteck	Rectangulum
Summe	Summa
Symmetrie	Praeditis
Umfang	Perimeter
Winkel	Anguli
Zahlen	Numeri

Meditation
Meditatio

Annahme	Acceptio
Atmung	Spirans
Aufmerksamkeit	Operam
Bewegung	Motus
Dankbarkeit	Gratia
Freundlichkeit	Misericordiam
Frieden	Pacem
Gedanken	Cogitationes
Geistig	Mentis
Glück	Felicitas
Klarheit	Claritas
Lehre	Doctrina
Lernen	Discere
Mitgefühl	Misericordia
Musik	Musica
Natur	Natura
Perspektive	Prospectum
Ruhig	Tranquillitas
Stille	Silentium
Verstand	Mens

Meisterschaft
Vindiciae

Ausdauer	Patientia
Champion	Fortissimus
Finalist	Finalist
Mannschaft	Dolor
Medaille	Numisma
Meisterschaft	Vindiciae
Motivation	Causam
Performance	Euismod
Richter	Iudex
Schweiss	Sudor
Sieg	Victoria
Spiele	Ludos
Sport	Ludis
Strategie	Consilio
Trainer	Raeda
Turnier	Torneamentum

Menschlicher Körper
Corpus Humanum

Bein	Crus
Blut	Sanguinem
Ellbogen	Cubitus
Finger	Digitus
Gehirn	Cerebrum
Gesicht	Faciem
Hals	Collum
Hand	Manu
Haut	Cutis
Herz	Cor
Kiefer	Maxilla
Kinn	Mentum
Knie	Genu
Knöchel	Tarso
Kopf	Caput
Mund	Ore
Nase	Naribus
Ohr	Auris
Schulter	Humerum
Zunge	Lingua

Messungen
Mensurae

Breite	Latitudo
Byte	Byte
Dezimal	Decimales
Gewicht	Pondus
Grad	Gradus
Gramm	Gram
Höhe	Altitudo
Kilogramm	Kilogram
Kilometer	Kilometer
Länge	Longitudo
Liter	Liter
Masse	Massa
Meter	Metri
Minute	Minutis
Tiefe	Profundum
Tonne	Ton
Unze	Unciam
Zentimeter	Centimeter
Zoll	Inch

Musikinstrumente
Organis

Banjo	Banjo
Cello	Cello
Fagott	Bassoon
Flöte	Tibia
Geige	Vitae
Gitarre	Cithara
Glockenspiel	Pleni
Gong	Gong
Klarinette	Tibiae
Klavier	Piano
Mandoline	Mandolin
Mundharmonika	Harmonica
Oboe	Sonata
Posaune	Trombone
Saxophon	Saxophone
Schlagzeug	Percussus
Tamburin	Tympanum
Trompete	Tuba

Mythologie
Fabularis

Archetyp	Archetypum
Blitz	Fulgur
Donner	Tonitrua
Eifersucht	Zelus
Held	Heros
Himmel	Caelum
Katastrophe	Cladis
Kreatur	Creatura
Krieger	Bellator
Kultur	Cultura
Labyrinth	Labyrinthus
Legende	Legend
Magisch	Magicalis
Monster	Monstrum
Rache	Vindictam
Stärke	Fortitudo
Sterblich	Mortale
Triumphierend	Triumphantes
Verhalten	Moribus

Natur
Natura

Arktis	Arctic
Berge	Montes
Bienen	Apes
Dynamisch	Suscipit
Erosion	Exesa
Fluss	Flumen
Friedlich	Pacis
Gletscher	Glacier
Heiligtum	Sanctuarium
Heiter	Serena
Laub	Fronde
Lebenswichtig	Vitalis
Nebel	Caligo
Schönheit	Pulchritudo
Tiere	Animalia
Tropisch	Tropical
Wald	Silva
Wild	Fera
Wolken	Nubes
Wüste	Deserto

Obst
Fructus

Ananas	Pineapple
Apfel	Apple
Avocado	Avocado
Beere	Berry
Birne	Pirum
Brombeere	Etiam
Feige	Ficus
Grapefruit	Grapefruit
Himbeere	Rubus Idaeus
Kirsche	Cerasus
Kiwi	Kiwi
Kokosnuss	Dolor
Melone	Cucumis
Nektarine	Nectarine
Orange	Rhoncus
Papaya	Papaya
Pfirsich	Persicum
Pflaume	Pruno
Traube	Uva
Zitrone	Lemon

Ozean
Oceanum

Aal	Anguilla
Auster	Ostrea
Boot	Navi
Delfin	Delphini
Fisch	Pisces
Garnele	Squilla
Gezeiten	Aestus
Hai	Shark
Koralle	Coral
Krabbe	Cancer
Krake	Polypus
Qualle	Jellyfish
Riff	Reef
Salz	Sal
Schildkröte	Turtur
Schwamm	Spongia
Sturm	Tempestas
Thunfisch	Tuna
Wal	Balena
Wellen	Fluctus

Ökologie
Oecologia

Art	Species
Berge	Montes
Dürre	Siccitate
Flora	Flora
Freiwillige	Voluntariis
Gemeinschaft	Communitates
Klima	Caeli
Lebensraum	Habitat
Marine	Marine
Nachhaltig	Nullam
Natur	Natura
Natürlich	Naturalis
Pflanzen	Plantis
Ressourcen	Opes
Sumpf	Paludem
Überleben	Salutem
Vegetation	Virentia
Vielfalt	Diversitas

Pflanzen
Plantis

Bambus	Bamboo
Baum	Arbor
Beere	Berry
Blatt	Folium
Blume	Flos
Blütenblatt	Petalorum
Bohne	Bean
Botanik	Botanicam
Busch	Bush
Dünger	Stercorat
Efeu	Hedera
Flora	Flora
Garten	Hortus
Gras	Herba
Kaktus	Cactus
Laub	Fronde
Moos	Muscus
Vegetation	Virentia
Wald	Silva
Wurzel	Radix

Piraten
Piratae

Abenteuer	Casus
Anker	Anchor
Crew	Cantavit
Flagge	Vexillum
Gefahr	Periculum
Gold	Aurum
Höhle	Cave
Insel	Insula
Kapitän	Captain
Karte	Map
Kompass	Decima
Legende	Legend
Münzen	Coins
Narbe	Cicatrix
Papagei	Psittacus
Rum	Rum
Schatz	Thesaurus
Schlecht	Malum
Schwert	Gladium
Strand	Beach

Regenwald
Rainforest

Amphibien	Amphibia
Art	Species
Botanisch	Botanica
Dschungel	Truncatis
Gemeinschaft	Communitas
Insekten	Insecta
Klima	Caeli
Moos	Muscus
Natur	Natura
Respekt	Quantum
Säugetiere	Nullam
Überleben	Salutem
Vielfalt	Diversitas
Vögel	Aves
Wertvoll	Pretiosum
Wolken	Nubes
Zuflucht	Refugium

Restaurant #1
Restaurant #1

Allergie	Urna
Brot	Panem
Dessert	Mensa
Fleisch	Cibum
Huhn	Pullum
Kaffee	Capulus
Kellnerin	Famula
Küche	Vestibulum
Menü	Menu
Reservierung	Reservatio
Schüssel	Crater
Serviette	Sudario
Sosse	Condimentum
Würzig	Conditus

Restaurant #2
Restaurant #2

Abendessen	Prandium
Eier	Ova
Eis	Ice
Fisch	Pisces
Frucht	Fructus
Gabel	Furca
Gemüse	Legumina
Gewürze	Aromata
Köstlich	Delectamentum
Kuchen	Massae
Löffel	Cochleari
Salat	Sem
Salz	Sal
Stuhl	Cathedra
Suppe	Elit
Wasser	Aqua

Säugetiere
Nullam

Affe	Simia
Bär	Ursus
Biber	Castor
Elefant	Elephantis
Fuchs	Vulpes
Giraffe	Panthera
Gorilla	Orci
Hund	Canis
Känguru	Macropus
Kojote	Coyote
Löwe	Leo
Panther	Pardus
Pferd	Equus
Ratte	Rat
Schaf	Oves
Stier	Taurus
Tiger	Tiger
Wal	Balena
Wolf	Lupus
Zebra	Zebra

Schach
Latrunculorum

Champion	Fortissimus
Diagonal	Diameter
Gegner	Adversarius
König	Rex
Königin	Regina
Lernen	Discere
Opfer	Sacrificium
Passiv	Passiva
Punkte	Puncta
Regeln	Praecepta
Schwarz	Nigrum
Spiel	Ludum
Spieler	Ludio Ludius
Strategie	Consilio
Turnier	Torneamentum
Weiss	Albus
Wettbewerb	Certamen
Zeit	Tempus

Schlösser
Castella

Drache	Draco
Dynastie	Dynastia
Edel	Nobilis
Einhorn	Unicornis
Festung	Arce
Feudal	Feudal
Katapult	Catapult
Königreich	Regnum
Krone	Coronam
Palast	Palatium
Pferd	Equus
Prinz	Principe
Prinzessin	Principem
Reich	Imperium
Ritter	Eques
Rüstung	Arma
Schild	Scutum
Schwert	Gladium
Turm	Turris
Wand	Murum

Schokolade
Scelerisque

Antioxidans	Antioxidant
Bitter	Amara
Exotisch	Exotic
Favorit	Ventus
Geschmack	Gustus
Handwerklich	Artisanal
Kalorien	Adipiscing
Kokosnuss	Dolor
Köstlich	Delectamentum
Pulver	Pulveris
Qualität	Qualitas
Rezept	Consequat
Süss	Dulcis
Verlangen	Appetitus
Zucker	Sugar
Zutat	Ingrediens

Schule #1
School #1

Alphabet	Alphabeti
Antworten	Respondet
Bibliothek	Library
Bleistift	Graphium
Freunde	Amicis
Klassenzimmer	Elit
Lehrer	Magister
Lernen	Discere
Mittagessen	Prandium
Ordner	Folders
Papier	Charta
Prüfungen	Volutpat
Stifte	Calami
Stuhl	Cathedra
Zahlen	Numeri

Schule #2
School #2

Bibliothek	Library
Bildung	Education
Bleistift	Graphium
Computer	Eu
Grammatik	Grammatica
Kalender	Calendar
Lehrer	Magister
Lernen	Cognita
Lesen	Lectio
Literatur	Litteris
Papier	Charta
Radiergummi	Deleo
Rucksack	Mantica
Schere	Axicia
Spiele	Ludos
Stifte	Calami
Vorräte	Commeatus
Wissenschaft	Scientia
Wochenende	Weekends
Wörterbuch	Dictionary

Science Fiction
Scientia Ficta

Atomic	Atomicus
Chemikalien	Chemicals
Dystopie	Dystopia
Explosion	Crepitus
Extrem	Extrema
Fantastisch	Suspendisse
Fern	Distant
Feuer	Ignis
Futuristisch	Futuristic
Galaxie	Galaxia
Geheimnisvoll	Arcanum
Illusion	Illusio
Imaginär	Imaginaria
Orakel	Oraculum
Planet	Planeta
Romane	Conscripserit
Technologie	Nulla
Utopie	Utopia
Welt	Mundi

Sommer
Aestate

Camping	Castra
Erinnerungen	Memoria
Essen	Cibum
Familie	Familia
Freizeit	Otium
Freude	Gaudium
Freunde	Amicis
Garten	Hortus
Meer	Mare
Musik	Musica
Reise	Travel
Sandalen	Sandalia
Spiele	Ludos
Sterne	Sidera
Strand	Beach
Tauchen	Consequat

Spielzeuge
Nugas

Auto	Car
Ball	Pila
Boot	Navi
Drachen	Milvus
Favorit	Ventus
Flugzeug	Vivamus
Kunsthandwerk	Artes
Lkw	Dolor
Phantasie	Imaginatio
Puppe	Pupa
Puzzle	Puzzle
Roboter	Robot
Schach	Latrunculorum
Schlagzeug	Tympana
Spiele	Ludos
Ton	Lutum
Zug	Comitatu

Sport
Ludis

Athlet	Athleta
Baseball	Baseball
Basketball	Ultrices
Bewegung	Motus
Eishockey	Consectetuer
Gewinner	Victor
Golf	Golf
Gymnasium	Gymnasium
Gymnastik	Gymnasticae
Mannschaft	Dolor
Meisterschaft	Vindiciae
Schiedsrichter	Referendarius
Spiel	Ludum
Spieler	Ludio Ludius
Stadion	Stadium
Tennis	Tristique
Trainer	Raeda

Stadt
Oppidum

Apotheke	Atqui
Bank	Ripam
Bäckerei	Pistrinum
Bibliothek	Library
Blumenhändler	Florist
Buchhandlung	Bookstore
Café	Casu
Flughafen	Elit
Galerie	Gallery
Geschäft	Store
Hotel	Hotel
Klinik	Eget
Museum	Museum
Restaurant	Amet
Schule	Schola
Stadion	Stadium
Supermarkt	Forum
Theater	Theatrum
Universität	University
Zoo	Exo

Strand
Beach

Blau	Blue
Boot	Navi
Dock	Gregem
Handtuch	Linteum
Insel	Insula
Krabbe	Cancer
Küste	Ora
Lagune	Lacuna
Meer	Mare
Ozean	Oceanum
Regenschirm	Umbrella
Riff	Reef
Sand	Harena
Sandalen	Sandalia
Segelboot	Navis
Sonne	Sol

Surfen
Superficies

Anfänger	Inceptos
Athlet	Athleta
Beliebt	Popularis
Champion	Fortissimus
Extrem	Extrema
Geschwindigkeit	Celeritate
Magen	Stomachum
Mengen	Turbas
Ozean	Oceanum
Paddel	Remus
Riff	Reef
Schaum	Spuma
Stärke	Fortitudo
Stil	Style
Strand	Beach
Welle	Unda
Wetter	Tempestas

Tage und Monate
Diebus et Mensibus

August	August
Dezember	December
Dienstag	Martis
Donnerstag	Jovis
Februar	February
Freitag	Veneris
Jahr	Anno
Januar	January
Juli	July
Juni	June
Kalender	Calendar
Mittwoch	Wednesday
Monat	Mense
Montag	Monday
November	November
Oktober	Aliquam
Samstag	Saturday
September	September
Sonntag	Dominica
Woche	Septimana

Tanzen
Chorus

Akademie	Academiae
Anmut	Gratia
Ausdrucksvoll	Expressivum
Bewegung	Motus
Choreographie	Choreography
Emotion	Affectus
Freudig	Laeta
Haltung	Staturam
Klassisch	Classical
Körper	Corpus
Kultur	Cultura
Kulturell	Culturae
Kunst	Es
Musik	Musica
Partner	Socium
Probe	Recensendum
Rhythmus	Numero
Traditionell	Traditum
Visuell	Visual

Technologie
Nulla

Anzeige	Propono
Bildschirm	Screen
Browser	Pasco
Computer	Eu
Cursor	Cursor
Datei	File
Daten	Data
Digital	Digital
Forschung	Research
Internet	Internet
Kamera	Camera
Nachricht	Nuntius
Sicherheit	Securitatem
Software	Software
Virtuell	Rectum
Virus	Virus

Tools
Instrumenta

Axt	Securis
Fackel	Facem
Hammer	Malleus
Hefter	Ipsum
Heftklammer	Solidis
Kabel	Mauris
Leim	Gluten
Leiter	Scalam
Lineal	Princeps
Rad	Rota
Rasierer	Novacula
Schaufel	Rutrum
Schere	Axicia
Schraube	Stupra
Seil	Funem
Zange	Pliers

Tugenden #1
Virtutes #1

Bescheiden	Modestus
Charmant	Venustus
Effizient	Efficiens
Entscheidend	Decretorium
Geduldig	Patiens
Grosszügig	Liberalis
Gut	Bonum
Hilfreich	Benevolens
Intelligent	Intelligens
Künstlerisch	Artis
Leidenschaftlich	Iracundus
Neugierig	Curiosus
Praktisch	Practica
Sauber	Mundus
Unabhängig	Independens
Weise	Sapiens
Zuverlässig	Certa
Zuversichtlich	Confidit

Urlaub #1
Vacation #1

Abreise	Discessum
Auto	Car
Entspannung	Consequat
Expedition	Expeditione
Fahrkarte	Aliquam
Flugzeug	Vivamus
Koffer	Vidulus
Museum	Museum
Regenschirm	Umbrella
Route	Itinerarium
Rucksack	Mantica
See	Lacus
Strassenbahn	Tram
Tourist	Viator
Währung	Monetæ
Zoll	Consuetudines

Urlaub #2
Vacation #2

Ausländer	Peregrinus
Ausländisch	Aliena
Berge	Montes
Camping	Castra
Flughafen	Elit
Freizeit	Otium
Hotel	Hotel
Insel	Insula
Karte	Map
Meer	Mare
Pass	Singraphus
Reise	Iter
Restaurant	Amet
Strand	Beach
Taxi	Taxi
Transport	Nulla
Urlaub	Ferias
Visum	Visa
Zelt	Tabernaculum
Zug	Comitatu

Vögel
Aves

Adler	Aquila
Ei	Ovum
Ente	Anatis
Eule	Noctua
Flamingo	Flamingo
Gans	Anserem
Huhn	Pullum
Kanarienvogel	Ga
Krähe	Corvus
Kuckuck	Cuckoo
Möwe	Gull
Papagei	Psittacus
Pelikan	Pelican
Pfau	Pavo
Reiher	Heron
Schwan	Swan
Spatz	Passer
Storch	Ciconia
Taube	Columbam
Toucan	Toucan

Wandern
Hiking

Berg	Montem
Camping	Castra
Führer	Duces
Gipfel	Culmen
Karte	Map
Klima	Caeli
Müde	Lassus
Natur	Natura
Orientierung	Orientation
Parks	Parcis
Schwer	Gravis
Sonne	Sol
Steine	Lapides
Stiefel	Tabernus
Tiere	Animalia
Vorbereitung	Praeparatio
Wasser	Aqua
Wetter	Tempestas
Wild	Fera

Wasser
Aqua

Bewässerung	Irrigationes
Dampf	Vapor
Dusche	Imber
Eis	Ice
Feucht	Humido
Feuchtigkeit	Humiditas
Fluss	Flumen
Flut	Diluvium
Frost	Gelu
Geysir	Geyser
Hurrikan	Procellae
Kanal	Canalis
Monsun	Etesia
Ozean	Oceanum
Regen	Pluvia
Schnee	Nix
See	Lacus
Trinkbar	Drinkable
Verdunstung	Evaporatio
Wellen	Fluctus

Wetter
Tempestas

Atmosphäre	Aeris
Blitz	Fulgur
Brise	Aura
Donner	Tonitrua
Dürre	Siccitate
Eis	Ice
Himmel	Caelum
Hurrikan	Procellae
Klima	Caeli
Monsun	Etesia
Nebel	Caligo
Polar	Polar
Regenbogen	Mauris
Sturm	Tempestas
Temperatur	Tortor
Tornado	Turbo
Trocken	Siccum
Tropisch	Tropical
Wind	Ventus
Wolke	Nubes

Wissenschaft
Scientia

Atom	Atom
Chemisch	Eget
Daten	Data
Evolution	Praegressus
Experiment	Experimentum
Fossil	Fossile
Hypothese	Rum
Klima	Caeli
Labor	Nulla
Methode	Modus
Mineralien	Mineralibus
Moleküle	Moleculis
Natur	Natura
Partikel	Particulis
Pflanzen	Plantis
Physik	Physica
Schwerkraft	Gravitatis
Tatsache	Eo
Wissenschaftler	Scientist

Wissenschaftliche Disziplinen
Scientifica Disciplinis

Anatomie	Anatomia
Archäologie	Antiquitatis
Astronomie	Astronomia
Biochemie	Biochemistry
Biologie	Biology
Botanik	Botanicam
Chemie	Chemia
Geologie	Nederlandicae
Immunologie	Immunology
Kinesiologie	Kinesiology
Linguistik	Grammatica
Mechanik	Mechanica
Meteorologie	Meteorology
Mineralogie	Mineralogy
Neurologie	Neurology
Ökologie	Oecologia
Physiologie	Physiology
Psychologie	Duis
Soziologie	Sociologiae
Zoologie	Zoologicam

Zahlen
Numeri

Acht	Octo
Achtzehn	Decem et Octo
Dezimal	Decimales
Drei	Tres
Dreizehn	Tredecim
Fünf	Quinque
Fünfzehn	Quindecim
Neun	Novem
Neunzehn	Undeviginti
Null	Nulla
Sechs	Sex
Sechzehn	Sedecim
Sieben	Septem
Siebzehn	Septemdecim
Vier	Quattuor
Vierzehn	Quattuordecim
Zehn	Decem
Zwanzig	Viginti
Zwei	Duo
Zwölf	Duodecim

Zeit
Tempus

Gestern	Heri
Heute	Hodie
Jahr	Anno
Jahrhundert	Century
Jahrzehnt	Decennium
Jährlich	Annua
Jetzt	Nunc
Kalender	Calendar
Minute	Minutis
Mittag	Meridies
Monat	Mense
Morgen	Mane
Nach	Post
Nacht	Nocte
Stunde	Hora
Tag	Die
Uhr	Horologium
Vor	Ante
Woche	Septimana
Zukunft	Futurum

Zirkus
Circo

Affe	Simia
Akrobat	Acrobat
Ballons	Balloons
Elefant	Elephantis
Fahrkarte	Aliquam
Jongleur	Juggler
Kostüm	Habitu
Löwe	Leo
Magie	Magia
Musik	Musica
Parade	Pompam
Tiere	Animalia
Tiger	Tiger
Trick	Dolum
Zauberer	Magus
Zeigen	Ostende
Zelt	Tabernaculum
Zuschauer	Spectator

Zu Füllen
Implere

Becken	Labrum
Eimer	Situla
Fass	Dolium
Flasche	Utrem
Koffer	Vidulus
Korb	Canistrum
Mappe	Folder
Paket	Fasciculus
Rohr	Tube
Schiff	Vas
Schublade	Perscriptorem
Tasche	Sinu
Umschlag	Involucrum
Vase	Vase

Gratuliere

Sie haben es geschafft !!

Wir hoffen, dass euch dieses Buch genauso viel Spaß gemacht hat wie uns dessen Herstellung. Wir tun unser Bestes, um qualitativ hochwertige Spiele zu erfinden. Diese Rätsel sind auf eine clevere Art und Weise entworfen, damit sie aktiv lernen und daran Vergnügen finden.

Hat ihnen das Buch gefallen ?

Eine einfache Bitte

Unsere Bücher existieren dank der Rezensionen, die sie veröffentlichen. Können sie uns helfen indem sie jetzt eine Meinung hinterlassen ?

Hier ist ein kurzer Link, der Sie zu ihrer Bewertungsseite führt

 BestBooksActivity.com/Rezension50

MONSTER HERAUSFÖRDERUNGEN !

Herausförderung 1

Bereit für ihr Bonusspiel? Wir verwenden sie ständig, aber sie sind nicht einfach zu finden. Es sind die Synonyme !

Notieren sie 5 Wörter, die sie in den untenstehenden Rätseln (Nummer 21, 36 und 76) entdeckt haben und versuchen sie für jedes Wort 2 Synonyme zu finden .

Notieren sie 5 Wörter aus *Rätsel 21*

Wörter	Synonym 1	Synonym 2

Notieren sie 5 Wörter aus *Rätsel 36*

Wörter	Synonym 1	Synonym 2

Notieren sie 5 Wörter aus *Rätsel 76*

Wörter	Synonym 1	Synonym 2

Herausförderung 2

Jetzt, wo sie warm sind, notieren sie 5 Wörter, die sie in jedem der untenaufgeführten Rätseln entdeckt haben (Nummer 9, 17 und 25) und versuchen sie für jedes Wort 2 Antonyme zu finden. Wie viele davon können sie binnen 20 Minuten finden ?

*Notieren sie 5 Wörter aus **Rätsel 9***

Wörter	Antonym 1	Antonym 2

*Notieren sie 5 Wörter aus **Rätsel 17***

Wörter	Antonym 1	Antonym 2

*Notieren sie 5 Wörter aus **Rätsel 25***

Wörter	Antonym 1	Antonym 2

Herausförderung 3

Wunderbar, diese Monster Herausförderung 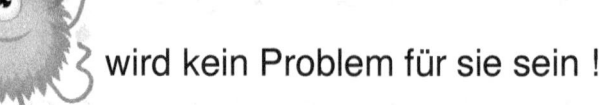 wird kein Problem für sie sein !

Bereit für die letzte Herausförderung? Wählen sie ihre 10 Lieblingswörter aus, die sie in einem Rätsel entdeckt haben und notieren sie sie unten.

1.	6.
2.	7.
3.	8.
4.	9.
5.	10.

Die Aufgabe besteht nun darin mit diesen Wörtern und in maximal sechs Sätzen einen Text herzustellen über eine Person, ein Tier oder ein Ort den sie lieben !

Tipp : sie können die letzten leeren Seiten dieses Buches als Entwurf verwenden

Ihr Schreiben :

NOTIZBUCH :

AUF BALDIGES WIEDERSEHEN !

Linguas Classics

KOSTENLOSE SPIELE GENIESSEN

GO

BESTACTIVITYBOOKS.COM/FREEGAMES